持続可能な社会をつくる
幼児期のESD論

子どもと環境

降旗 信一・菊池 稔 [編著]

人言洞

[著　者]

降旗　信一＊　　東京農工大学　　　　　　　　　　　　　　　[序章・終章]

菊池　　稔＊　　名寄市立大学　　　　　　　　　　　　　　　[序章・終章]

田中　住幸　　　札幌大谷大学短期大学部　　　　　　　　　　[第1章]

増田　直広　　　鶴見大学短期大学部　　　　　　　　　　　　[第2章]

地下まゆみ　　　大阪大谷大学　　　　　　　　　　　　　　　[第3章]

小野瀬剛志　　　仙台青葉学院短期大学　　　　　　　　　　　[第4章]

中本　貴規　　　飯田短期大学　　　　　　　　　　　　　　　[第5章]

岡　　健吾　　　北翔大学　　　　　　　　　　　　　　　　　[第6章]

陳　　倩倩　　　学校法人リズム学園　はやきたこども園　　　[第7章]

板倉　浩幸　　　東京農工大学　　　　　　　　　　　　　　　[第7章]

仙田　　考　　　田園調布学園大学　　　　　　　　　　　　　[第8章]

（執筆順，＊は編者，所属は刊行時）

はじめに

　本書は，保育者養成校や保育所や幼稚園が地域と連携し，地域資源を活用したESD実践を紹介することで，幼稚園教育要領の領域「環境」の視点から地域連携を核とした幼児期のESD論を提起することをめざしている。

　また，本書はESDを主軸にしながら，「幼児と環境」のモデル・カリキュラムに準拠した構成とし，領域「環境」の指導のヒントになるよう工夫している。

　はじめにあたって，米国の女性海洋生物学者で環境活動家のあったレイチェル・カーソンの言葉を紹介したい。レイチェルが1962年に発表した『沈黙の春（サイレントスプリング）』は，当時，米国をはじめ世界で広がっていた農薬による環境汚染に警鐘を鳴らした書だった。このタイトルには，「このまま農薬汚染が続けば春になっても鳥のさえずりも虫たちの羽音も聞こえない沈黙の世界になってしまうよ」というメッセージが込められている。当時の米国大統領J.F.ケネディがこの書を読んだことで，米国政府による環境問題への本格的な取り組みが始まったことが知られている。

　レイチェルは『沈黙の春』出版の2年後の1964年に亡くなるのだが，その最晩年に『センス・オブ・ワンダー』という本を発表した。この本は，『沈黙の春』で告発した環境問題をどうしたら人類は克服できるのか，レイチェルなりの解決の道を示した書であった。この本では，ロジャーという男の子とレイチェルが森のなかを散策しながら，ロジャーのセンス・オブ・ワンダー（自然の神秘さや不思議さに目を見はる感性）を大切に育てていくというエッセイである。ここでレイチェルは「生まれつきそなわっている子どもの『センス・オブ・ワンダー』をいつも新鮮にたもち続けるためには，わたしたちが住んでいる世界のよろこび，感激，神秘などを子どもたちと一緒に再発見し，感動をわかちあってくれる大人が少なくても一人，そばにいる必要があります」と述べている。

　本書の読者の皆さんもこうした大人のひとりであってほしい。

編　者

目　次

序　章
持続可能な社会を担う幼児期の環境教育・ESD

■第1節■ 幼児教育と環境教育・ESDをめぐって■■■■■■■■■■

　環境教育・ESD（持続可能な開発のための教育）という用語は，今日，教育関係者の間に広く知られている。環境教育は，2006年に教育基本法が改訂された折，その第二条（教育の目標）のなかに，「四　生命を尊び，自然を大切にし，環境の保全に寄与する態度を養うこと」という条文が示されたことを契機に教育を考えるうえでの重要な用語の1つとして浸透した。ESD（持続可能な開発のための教育）は，同じ頃（2005年），国連において「ESD（持続可能な開発のための教育）の10年」というキャンペーンが全世界に対して呼びかけられたことで広く周知された。今日では教育以外の諸分野を含めたSDGs（国連持続可能な開発目標）という用語やロゴマークが毎日のようにメディアにも登場し，多くの市民や企業の賛同を得ている。

　「教育とは何か？」とは最も基本的な問いだが，読者の皆さんは何と答えるだろうか。「教育とは国民の権利である」が答え方の1つにある。それは例えば日本国憲法に「すべて国民は，法律の定めるところにより，その能力に応じて，ひとしく教育を受ける権利を有する。(26条)」と書いてあることからもいえることである。幼児教育において，この「権利」をどう捉えたらよいのだろうか。幼児は一人ひとりの個性・特性に応じて発達・成長する権利をもっており，幼児の発達・成長のために必要な支援を行うことは保育者・教員・保護者・地域住民など幼児のそばにいる大人たちの義務といってもよいであろう。その支援の中身はさまざまだが，必要な環境（自然環境のみならず経済環境，社会環境）を用意すること，それらの環境とどのような関係性を創造していくかは，幼児教育（保育も含む）の重要な課題といえる。本書では，そうした考え方や見方を示していく。

　2015（平成27）年12月21日の中央教育審議会答申「これからの学校教育を担う教員の資質能力の向上について〜学び合い，高め合う教員育成コミュニティの構築に向けて〜」を受けて，2016（平成28）年11月教育職員免許法の一部が改正，2017（平成29）年11月教育職員免許法施行規則が改正された。幼稚園教諭養成課程では，「領域及び保育内容の指導法に関する科目」が設置され，「イ　領域に関する専門的事項」と「ロ　保育内容の指導法（情報機器及び教材の活用を含む）」を含めることが必要とされている。本書は，「イ　領域に関する専門的事項」に位置づく「幼児と環境」に焦点を当てる。

　今回の改正にあたり文部科学省は，質の高い幼児教育を推進していくための幼稚園教諭の養成の在り方について，幼稚園教諭の養成課程におけるモデル・カリキュラムの開発に向けた調査研究を行った。委託先となった一般社団法人保育教諭養成課程研究会では，「領域に関する専門的事項」のモデル・カリキュラム及び「保育内容の指導法（情報機器及び教材の活用を含む.）」の教職課程コアカリキュラムとモデル・カリキュラムを作成し，報告書にまとめている[1]。

　表0.1が「幼児と環境」で学ぶ必要があるとされるモデル・カリキュラムである。内容をみると幼児教育の指導方法だけではなく，私たちが生きる世界で起きている環境を通した課題を理解し，その社会を生き抜く資質・能力を育む教育である「持続可能な開発のための教育」（Education for Sustainable Development：ESD）の深い理解が求められることが大きな特徴である。

　なぜ，ESDを学ぶ必要があるのだろうか。幼児教育・保育の「環境」とは幼児を中心としてかかわるすべての環境を意味し，モデル・カリキュラムの（1）−1）にもある人的環境，社会環境，自然環境，物的環境の4つの環境をさす。保育者は幼児の発達を促すために4つの環境を設定し，遊びを通して幼児は生きるための資質や能力を身につけていく。この幼児が成長する環境は目まぐるしい変化をみせているからである。とくに自然環境は，経済至上主義的による無秩序な開発や都市化の進展などにより減少し，地球環境問題（大気汚染，水質汚

(3) 幼児と環境（1単位）	
全体目標：	当該科目では，領域「環境」の指導に関連する，幼児を取り巻く環境や，幼児と環境との関わりについての専門的事項における感性を養い，知識・技能を身に付ける。

(1) 幼児を取り巻く環境

一般目標：	幼児を取り巻く環境と，幼児の発達にとっての意義を理解する。
到達目標：	1) 幼児を取り巻く環境の諸側面（物的環境，人的環境，社会的環境，安全等）と，幼児の発達におけるそれらの重要性について説明できる。 2) 幼児と環境との関わり方について，専門的概念（能動性，好奇心，探究心，有能感等）を用いて説明できる。 3) 知識基盤社会及び持続可能な開発のための教育（ＥＳＤ）などの幼児を取り巻く環境の現代的課題について説明できる。

(2) 幼児の身近な環境との関わりにおける思考・科学的概念の発達

一般目標：	幼児期の思考・科学的概念の発達を理解する。
到達目標：	1) 乳幼児期の認知的発達の特徴と筋道を説明できる。 2) 乳幼児の物理的，数量・図形との関わりの事象に対する興味・関心，理解の発達を説明できる。 3) 乳幼児の生物・自然との関わりの事象に対する興味・関心，理解の発達を説明できる。

(3) 幼児の身近な環境との関わりにおける標識・文字等，情報・施設との関わりの発達

一般目標：	幼児期の標識・文字等，情報・施設との関わりの発達を理解する。
到達目標：	1) 乳幼児を取り巻く標識・文字等の環境と，それらへの興味・関心，それらとの関わり方を説明できる。 2) 乳幼児の生活に関係の深い情報・施設と，それらへの興味・関心，それらとの関わり方について説明できる。
〔留意事項〕	1) 各専門的事項については，その根拠となる発達心理学などの理論や概念をおさえるとともに，幼稚園教育の基本などの幼児教育に関わる専門性に基づいて指導をする。 2) 領域「環境」の背景となる学問的基盤や幼児教育に関わる専門性を有する人材が担当するにふさわしい。

表0.1　幼児と環境のモデル・カリキュラム
出所：「幼稚園教諭の養成の在り方に関する調査研究」より

染，地球温暖化）の進展に歯止めがかかっていない。国際的な専門家でつくる，地球温暖化についての科学的な研究の収集，整理のための政府間機構であるIPCC（気候変動に関する政府間パネル）第6次報告書によると，地球温暖化について国際社会が何も政策に取り組まなかった場合，西暦2100年の地球の気温は産業革命と比較して3.3〜5.7℃程度上昇すると予測される。人類が存続するには1.5℃〜2℃以内に収める必要があるという。加えて，地球環境問題は先進国と開発途上国との間の南北問題と強い結びつきがある。開発途上国と先進国の貿易は，基本的に先進国が価格を決定したり，有利な条件提示することが多く，途上国は，安い価格で製品を販売するために，過剰に森林を伐採し大量生産できるように環境改変を行い，その結果，途上国の環境問題が悪化した事例が多

くある。このように地球環境問題は「経済」や「社会」との複雑な関係性をもっていることが特徴である。

　幼児や私たちをとりまく環境の現状は目まぐるしく変化し，私たちの生存を脅かすレベルまで悪化している状況にある。子どもたちは深刻化する地球環境問題やグローバルな社会課題に向き合い，社会を生き抜いていかなければならない。子どもの教育に責任を有する私たちには次世代の子どもたちが生きやすい環境や社会システムを構築していくことが求められている。ESDは「現代社会の問題を自らの問題として主体的に捉え，人類が将来の世代にわたり恵み豊かな生活を確保できるよう，身近なところから取り組む（Think globally, Act locally）ことで，問題の解決につながる新たな価値観や行動などの変容をもたらし，持続可能な社会を実現していくことを目指して行う学習・教育活動」[2]と示されるようにESDは新しい社会を創る担い手を養成として教育として捉えられている。

■第3節■ 環境教育の成立とESDへの接続■■■■■■■■■■■■■■■■■

（1）環境教育の原点

　環境教育という用語は，阿部（2000）によると1948年に開かれた国際自然保護連合（IUCN）の設立総会で使われたとされる。当初の環境教育は人間にとって有用な自然を人間の活動から保護しようという意味合いが強かった。1975年，国連教育科学文化機関（UNESCO）と国連環境計画（UNEP）が共同で環境教育の専門家を対象にした環境教育ワークショップを開催し，「ベオグラード憲章」を採択した。ベオグラード憲章において，環境教育の目標が「環境とそれに関する諸問題に気づき，関心をもつとともに，現在の問題解決と新しい問題の未然的防止にむけて個人および集団で活動するための知識，技能，態度，意欲，実行力を身につけた人々を世界中で実行育成すること」とあるように環境教育は環境問題の解決と予防を目的とすることがはじめて明示された[3]。このように1940年代から1970年代の環境問題を解決することを意識した環境教育を井上（2009）は「古典的な環境教育」と呼んでいる。

(2) 持続可能性へ向かう環境教育

1980年代入ると環境保護を重視した環境教育の取扱いに変化が生じる。それが「持続可能性」という概念である。ケニア共和国のナイロビで1982年に開かれた国連環境計画特別管理理事会では，環境問題について提言をする委員会を設置することを決定し，1983年に環境と開発に関する世界委員会（通称：ブルトラント委員会）を発足させた。ブルトラント委員会は1987年に「我ら共通の未来（Our Common Future）」という報告書を提出し，一方的に自然保護だけを捉えることはむずかしく，自然保護と開発行為をバランスよく行うべきという将来世代のニーズを損なうことなく，現代世代のニーズをも満たす「持続可能な開発（Sustainable Development：SD）」概念を提示した。

その後の1992年に開催された国連環境開発会議（通称：リオサミット／地球サミット）においてもメインテーマは「持続可能な開発」であり，1980〜1990年代前半の環境教育は「環境保護」から「持続可能性」の適応を求められた時代といえる。

(3) ESDの視点をもった環境教育への変容

1990年代後半に入ると環境教育に大きな変化が生じた。それは1997年テサロニキで開かれた環境と社会に関する国際会議において採択された「テサロニキ宣言」である。テサロニキ宣言における環境教育は「環境と持続可能性のための教育」へと捉えることができるというものであった[4]。5年後の2002年にヨハネスブルクで開催された持続可能な開発に関する世界首脳会議（通称：ヨハネスブルグサミット）において採択された「ヨハネネスブルグ宣言」の「行動計画」において初めてESDが登場し，環境教育という用語は使われなかった。

しかし2004年の「国連持続可能な開発のための教育の10年（DESD：United Nation Decade of Education for Sustainable Development）」の「国際行動計画」において再び環境教育が使用される。その内容というのが，従来の環境保全を意識した環境教育はESDの構成概念である生態系保全と通じることから重要性は失われていないと位置づけ，環境教育は持続可能な開発の視点を含むべきと

ESDの視点をもった環境教育へ変容を促すものであった。

DESDが終了する2014年および2021年に開催されたESDに関するユネスコ世界会議で使用された「ジャパンレポート」の資料をみてもESD視点を盛り込んだ環境教育実践の重要性が説かれている[5]。

このように環境教育は，環境保全の一翼を担うESDのパートナとして今日も位置づいている。環境教育は「環境教育等による環境保全の取組の促進に関する法律」の第2条3項にあるように「持続可能な社会の構築を目指して，家庭，学校，職場，地域その他のあらゆる場において，環境と社会，経済及び文化とのつながりその他環境の保全についての理解を深めるために行われる環境の保全に関する教育及び学習」であることから現在の環境教育はESD概念を取り込んだ教育に変容した時代といえる[6]。詳細な歴史については井上（2009）を参照してほしい。

(4) 日本における幼児期の環境教育の到達点と課題

前節において環境教育のおおまかな歴史をみてきた。では，幼児期における環境教育はどうか。幼児期の環境教育指導の手引きである「環境教育指導資料（幼稚園・小学校編）」では，下記のとおり幼児期の環境教育は，遊びを通じたさまざまな自然体験から生命尊重や道徳心を学ぶことが環境教育であるとされている（国立教育政策所，2014）。

> 幼稚園・小学校の段階は，あらゆる事象に対して豊かに感受する時期でもあるので，自然や社会のなかで自発的な遊びや体験を通じて，子供が事象の面白さやすばらしさを感じ取り，自然や社会を大切にしようとする心を育てていくようにすることが大切である。

だが，幼児期の環境教育は自然体験をさせればよいのだろうか。それでは従来の幼稚園教育・保育の領域「環境」の指導とこれからの環境教育・ESDとは何も変わらないことになる。

井上（2009，184頁）は保育・幼児教育の「自然」とは子どもが発達するうえで

の手段であることをふまえて，幼児期の環境教育は保育者が環境教育（自然保護や持続可能性を意識した行動）的視点の意図やねらいをもたなければ環境教育とはならないとし，環境教育的視点のない自然体験に警鐘を鳴らしている。田尻は，この問題を保育内容「環境」の視点から乗り越えようとし，幼児期の環境教育は「できるだけ自然に親しんだり，生きものに触れ，その不思議さや美しさを五感によって体験し，そのなかで，自然を大切にする心や，生命の尊さを知ることができるようにする」（田尻・峰他，1996）ことや「知識の伝達よりも五感を十分に活用した直接体験が重要であり，とりわけ，自然に触れて遊ぶような自然体験が重要で，幼児期の環境教育とはこのような自然体験を中心にした保育内容において実施されることがのぞましい」（田尻，2002）と幼児期の環境教育の一種のあり方を示している。大島（1992, 1994）は幼児期を「感覚体験によって世界を感じ取る時期」とし「心や体で人間や自然を感じ取ることは，誰でもできる環境教育の第一歩」であり，幼児はこの段階を経ることの重要性を提起している。

　このように田尻や大島は，幼児の発達段階に準拠し，体験を通して感性を磨くことが最終的に自然を大切にする心を涵養し，環境教育につながると幼児期の環境教育における自然体験の重要性を強く説いている。

　いっぽうで，幼児期の環境教育は日常生活全体で行われるべきだという立場がある。腰山は，幼児期の環境教育の目標を「両親や保育者とともに身近な環境に親しみ，環境の価値や大切さに気付かせる」「身近な環境から刺激を受けつつも，幼児自身が主体的に環境へ働きかける機会を与え，主体的に環境にかかわり慈しむ体験を意図的に蓄積」「一人や他人と協力して環境への望ましい行動がとれるようにすること」と幼児の生活全体で継続して環境教育を考えるべきとしている（井上，2004）。

　また，幼児期のESD教育に関しては2010年代にはユネスコスクールとしても展開されてきている。2012年には「ユネスコスクールガイド」が制定され，国や国際機関が意図的に主導したESD教育を強く打ち出されている。小野瀬・芳賀（2017）は宮城県気仙沼市のユネスコスクールを事例に，幼児期のESD教

育の現状と課題を調査し，事例よりESDは従来の保育活動と変わらず，保育者が意図的にほかの教育機関との連携，地域の人材や自然を活用することを念頭にESDの視点から保育内容5領域のねらいや内容を設定していることを明らかにした。さらに幼児期のESD実践を進めるには，大量の業務を負う保育者のESDに関する理解を深める時間や場を設ける必要性があるとしている。

　以上のように，幼児期の環境教育とは，幼児の発達状況や園の生活もふまえた日常生活全体から，地域の自然や文化を直接的体験軸とした遊びを継続することで環境に関する感性を磨き，最終的に環境を労わり行動できる持続可能な社会を育てる環境感を育むことといえる。その実施には保育所や幼稚園単独で行うのではなく，社会教育施設や地域住民，保護者など子どもの発達を支えるさまざまなセクターと連携しながら地域全体で実施することが求められている。

　いっぽう，幼児期の環境教育にも課題がある。その1つは，教育でめざすべきゴールが達成できているのか幼児期の環境教育の有効性について明確に評価されていない状況にある。現在，OMEP（世界幼児教育・保育機構）では「OMEP ESD評価スケール」が開発されている。これは，教師の自己評価のために開発されたもので，保育者個人やグループによる持続可能な発展のための教育カリキュラムの実施状況を把握するためにつくられたものである。今後は幼児期の環境教育実践が高まり先駆的な実践も多く出てきたこともふまえ，評価スケールなどを駆使し，幼児期の環境教育・ESDが機能しているか評価し，批判的検討しながら新たな幼児期の環境教育・ESDの形を希求していくことが求められてくるといえよう。

注
1) 文部科学省「幼稚園教諭の養成の在り方に関する調査研究」
　 https://www.mext.go.jp/a_menu/shotou/youchien/1385790.htm（2023年9月18日最終閲覧；以下のURLも同じ）
2) 文部科学省「持続可能な開発のための教育」
　 https://www.mext.go.jp/unesco/004/1339970.htm
3) UNESCO（1975）*THE BELGRADE CHARTER:A FRAMEWORK FOR ENVIRONMENTAL EDU-*

CATION：https://unesdoc.unesco.org/ark:/48223/pf0000017772?posInSet=1&queryId=c153d681-d
4c1-42ff-89fc-dab3bdd9023b
4）UNESCO（1997）*Declaration of Thessaloniki*（UNESCO Document code：EPD.97/CONF.401/
CLD.2）
5）文部科学省「国連持続可能な開発のための教育の10年（2005〜2014年）ジャパンレポート」https:
//www.mext.go.jp/unesco/004/1339971.htm（2023年12月1日最終閲覧）
6）e-GOV「環境教育等による環境保全の取組の促進に関する法律」https://elaws.e-gov.go.jp/docu-
ment?lawid=415AC1000000130（2023年12月1日最終閲覧）

引用文献

阿部治／田中春彦編集（2004）『環境教育重要用語300の基礎知識』明治図書, 27頁
井上美智子（2004）「幼児期の環境教育―普及に向けての課題の分析と展望」『環境教育』14-（2）, 3-13
　頁
　――（2009）『幼児期からの環境教育―持続可能な社会にむけて環境観を育てる』昭和堂, 255頁
大島順子／清里環境教育フォーラム実行委員会編（1992）『日本型環境教育の「提案」―自然との共
　生をめざして』小学館, 43頁
大島順子（1994）「環境教育の第一歩は心や体で感じること」『現代保育』42, 6-7頁
小野瀬剛士・芳賀哲（2017）「『持続可能な社会のための教育』としての幼児教育のカリキュラムとサ
　ポート・システム―宮城県気仙沼市におけるユネスコ・スクールの教育実践から」『研究紀要 青
　葉 Seiyo』9（1）, 29-37頁
国立教育政策研究所教育課程研究センター（2014）『環境教育指導資料［幼稚園・小学校編］』90頁
田尻由美子（2002）「保育内容環境の指導における環境教育的視点について」『精華女子短期大学紀要』
　28, 19-28頁
田尻由美子・峰松修・井村秀文（1996）「幼児期環境教育の現状と課題」『精華女子短期大学紀要』22,
　129-140頁

第1節 SDGsとESD

(1) SDGsの5つの決意

　気候変動や地球温暖化，紛争，貧困，差別など，世界には解決が必要な問題が山積している。2015年の国連総会で，Sustainable Development Goals（SDGs）が全会一致で採択された。日本語では，「持続可能な開発目標」と訳されている。開発と聞くと，リゾート開発のような森林を切り拓き，湿地を埋め立て，ゴルフ場やホテルなどの施設を建設していくようなイメージから，どうしてもマイナスのイメージを抱きがちである。しかし，原文のDevelopmentには，開発のほかに発達や発展といった意味がある。人々の暮らしを豊かにしていくために，国が発展していくと聞けばプラスのイメージに聞こえてくる。公衆衛生や医療，教育，道路などのインフラ整備，人権保障など，世界には人々の暮らしを守るための開発（発展）が必要な国がいまだ多くある。日本などの先進国と呼ばれる国は，英語ではDeveloped countryといい，発展途上国と呼ばれる国のことはdeveloping countryという。過去形と現在進行形の違いである。先進国は，国としてある程度成熟し人々の暮らしが安定的な段階に入り，発展途上国は今まさに国の体制を整え，人々の暮らしを豊かにしていこうとしている最中である。産業革命以降の工業化が，環境問題の大きな原因であることを考えると，高度な工業化が進む先進国の暮らしが発展途上国のめざすべき姿かどうかは議論が必要な点ではあるが，人々の暮らしを守るための開発（発展）は，世界共通の課題である。

　SDGsの前文には，「だれひとり取り残さない」といった言葉とともに，5つの決意（5つのP），「人間を守る：People」「豊かさ：Prosperity」「地球：Planet」「平和：Peace」「パートナーシップ：Partnership」と，5つの決意を具体化した17の目標と，169のターゲットが示されている（図1.1）。さらに，17の目標と169のターゲットは相互に関係していて，分けられないものであり，持続可能な開発

の3つの側面である「経済」「社会」「環境（自然）」のバランスを保つものとされている[1]。

SDGsは2030年までの人類共通の目標であるが，現代を生きる子どもたちが大人になるころは，ポストSDGsの時代が始まっている。Sustainable Development Report 2023[2]によれば，2022年のSDGs達成度国別ランキング第1位のフィンランドのSDGsの達成度スコアは86.76/100で，第2位のスウェーデンは85.98/100，第3位のデンマークは85.68/100と続く（表1.1）。世界経済三大国であるアメリカ合衆国，中国，日本については，アメリカ合衆国が 第39位（75.91/100），中国が第63位（72.01/100），日本が 第21位（79.41/100）と

■ 人間を守る：People

■ 豊かさ：Prosperity

■ 地球：Planet

■ 平和：Peace

■ パートナーシップ：Partnership

図1.1　5つの決意（5つのP）と持続可能な開発目標

表1.1　2022年SDGs達成度国別ランキング

ランク	国	スコア
第1位	フィンランド	86.76
第2位	スウェーデン	85.98
第3位	デンマーク	85.68
第4位	ドイツ	83.36
第5位	オーストリア	82.28
第6位	フランス	82.05
第7位	ノルウェー	82.00
第8位	チェコ	81.87
第9位	ポーランド	81.80
第10位	エストニア	81.68

出所：「Sustainable Development Report 2023」をもとに作成

なっている。ランキング第100位以下の国々には，SDGs達成率が60.00/100を超えない国もある。目標の達成のためには，私たち一人ひとりの意識や行動の変容とともに，国や人種，文化，宗教の枠を超えた取り組みが必要になる。

(2) 持続可能な開発のための教育 (ESD)

SDGs達成のためには,「持続可能な開発のための教育」(ESD：Education for Sustainable Development) の推進が欠かせないとされている。ESDは, 2002年の「持続可能な開発に関する世界首脳会議」で日本が提唱した考え方であり, 2005～2014年の「国連持続可能な開発のための教育の10年 (DESD)」, 2015～2019年の「持続可能な開発のための教育 (ESD) に関するグローバル・アクション・プログラム (GAP)」, そして2020年からは「持続可能な開発のための教育：SDGs実現に向けて (ESD for 2030)」として継続的に取り組まれている。ESDは, SDGsの目標4-7に位置づけられるとともに, SDGsの17すべての目標の達成に寄与するものであることが確認されている[3]。

〈SDGs　目標4-7〉
　2030年までに, 持続可能な開発のための教育及び持続可能なライフスタイル, 人権, 男女の平等, 平和の文化及び非暴力の推進, グローバル・シチズンシップ, 文化多様性と文化の持続可能な開発への貢献の理解の教育を通して, 全ての学習者が, 持続可能な開発を促進するために必要な知識及び技能を習得できるようにする。

また, 2016年に発表された中央教育審議会答申では,「持続可能な開発のための教育 (ESD) は次期学習指導要領改訂の全体において基盤となる理念である」とされ[4], 2017年に改訂された幼稚園教育要領には, その前文には,「これからの幼稚園には, (中略) 持続可能な社会の創り手となることができるようにするための基礎を培うことが求められる」と示された[5]。幼児教育とESDの関係について田宮 (2016) は, 地域での生活に焦点を当て, 地域資源を生かした教育 (ESD) の実践が保育者や保護者, 地域の人々の意識改革につながることが考えられ, 今後明らかにしていくべき課題だとし, 幼児教育の質の向上にも欠くことのできない視点だと指摘している。

第2節 世界の動き

(1) OMEP ESD 評価スケール

　世界幼児教育・保育機関（OMEP：Organisation Mondiale Pour l'Éducation Pré scolaire）では，2009〜2014年の間「持続可能な開発のための教育：OMEPワールドプロジェクト」が行われた。このプロジェクトは子どもへのインタビューや子ども主導のテーマに基づいたプロジェクトなどの4つの研究で構成され，世界28カ国の4万330人の子ども（生後8歳まで）と，1万3255人の教師が参加した。研究の結果，幼い子どもたちは地球についての知識と環境問題への意識，持続可能性に関する個人の責任についての知識をもっていることが明らかになった。また，大人が幼い子どもの能力を過小評価していることもわかり，持続可能性のための教育は，質の高い幼児教育の推進力になるとも提言された。また，2011年から2014年にかけて，チリ，中国，英国，ケニア，韓国，スウェーデン，米国が参加する研究プロジェクトの一環としてOMEPオリジナルのESD評価スケールが作成されている[6]。2019年には，The OMEP ESD rating scale（第2版）として改訂版が発表され，2022年2月にはOMEP日本委員会により日本語訳版も発表された[7]。OMEP ESD評価スケールは，「環境」「経済」「社会・文化」の3つのカテゴリーから構成されており，それぞれに7段階のスケールが準備され，園や保育者が自らの保育実践をESDとして振り返り，見直し，改善していくことができるものになっている（表1.2）。

　ESD評価スケールのそれぞれの項目には，評価のための指標が示されている。たとえば，環境的な持続可能性についての「自然界

表1.2　ESD評価スケールのカテゴリーと項目

カテゴリー	項　目
環境的な持続可能性について	自然界との関わり
	環境や自然の保護
	場所（園の敷地）を拠点とした教育
	健康的な環境
経済的な持続可能性について〜公平性	ものを使うこと
	お金について
	ゴミについて
	資源の分かち合い（再配分）
社会・文化的持続可能性について〜グローバルな社会的校正	本，おもちゃ，絵画などにおける表現
	社会的及び文化的多様性
	社会的公正と平等
	園周辺の地域との協働の取り組み

表1.3　自然界との関わりの評価スケール

自然界との関わり						
1	2	3	4	5	6	7
園では，子どもたちが自然に接することや，自然の中に出かけていくことはない。		園では，保育のための材料，資源を提供している郊外や地域の自然豊かな場所へ出かける機会が時々ある。		園では，動物や植物を含む自然の世界を探索するための様々な素材や活動を定期的に提供している。		子どもたちは，園や地域社会の中で定期的に，四季を通じて自然体験をし，自然界や動植物を大切に育てる活動に取り組んでいる。

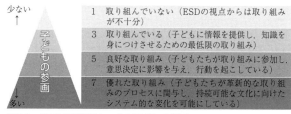

図1.3　ESDの評価スケールと子どもの参画

との関わり」であれば，表1.3のとおりである。

　この指標は，園や保育者自らの保育実践について，1 ESDに取り組んでいない～3 取り組んでいる～5 良好な取り組み～7 優れた取り組み，として7段階で評価することができる。7に近くなるほど，子どもの参画や，園の持続可能性についての意識が問われる内容が増えていく点が大きな特徴である（図1.3）。幼児期のESDとしての保育実践を考える際に，保育者が準備した活動に参加するだけではなく，子どもたち自らが活動を主体的につくり上げていくという参画の視点が重要になることがわかる。

(2) 子どもの参画

　子どもの参画について，ロジャー・ハート（Roger,A.Hart）は，子どもの参画の指標となる「参画のはしご」を提唱している。「参画のはしご」は，子どもの心情や意欲，経験，能力に応じた，8段階の参画の度合いを示している（表1.4）。8段階のうち，1～3段階目は，「操り」「お飾り」「形だけ」とされ，非参画の段階である。もちろん8段目の状態を常に維持することがめざす姿であるということ

ではなく，子どもたちがその時々の心情や意欲，経験，能力に応じて，参画の度合いを選べる余地を残しておくことが子どもの参画においては最も重要なことであり，「参画のはしご」はそのための指標である（ハート／木下他訳 2000）。

表1.4 ハートの「参画のはしご」

		参画の状態
参画の段階	8	子どもが主体的に取りかかり，大人と一緒に決定する
	7	子どもが主体的に取りかかり，子どもが指揮する
	6	大人が仕掛け，子どもと一緒に決定する
	5	子どもが大人から意見を求められ，情報を与えられる
	4	子どもは仕事を割り当てられるが，情報は与えられている
非参画	3	形だけの参画
	2	お飾り参画
	1	操り参画

萩原（2020）は，持続可能な平等，社会的に公正な地球世界を創造するためには「親，保育者，教師，地域の大人はファシリテートの役割を担い，学校，園，地域の環境を子ども主体の参画型システムに変革する方法を絶えず創出し続ける」必要があると指摘している。

第3節 国内の動き

(1) ESDで育む能力・態度

国立教育政策研究所教育課程センター（2012）は，ESDの視点に立った学習指導によって育む能力・態度の例として，①批判的に考える力，②未来像を予測して計画を立てる力，③多面的，総合的に考える力，④コミュニケーションを行う力，⑤他者と協力する態度，⑥つながりを尊重する態度，⑦進んで参加する態度をあげている。

また，これら7つのESDで育む能力・態度が，「幼稚園教育要領」や「幼児期の終わりまでに育ってほしい姿（十の姿）」にどのように表れているかを整理した広島大学附属幼稚園（2016）は，「自己：自らしようとする遊

表1.5 幼児期のESDで育む能力・態度

側面	能力・態度
自己	安心・安定，自立，主体性・粘り強さ・チャレンジ精神，自信，つながり・責任
他者	信頼感・親しみ，友だちとかかわる力，友だちと協力しようとする態度
環境	感受性，興味・関心・好奇心，自ら考えて遊びや生活を創り出す力，多様性・循環性・有限性を感じる力

出所：広島大学附属幼稚園2016をもとに筆者作成

びや生活に向かって，生き生きと取り組む子ども」「他者：友だちと心を通わせ，協力して遊びや生活を創り出す子ども」「環境：身近な環境に心を動かし，かかわりを深めようとする子ども」といった3つ側面と，12の内容（能力・態度）に整理することができるとしている[8]。

(2) ESDの実態調査

「幼稚園教育要領」の前文に，「持続可能な社会の創り手」という言葉が加えられ，幼児期のESDの必要性が明確にされた。いっぽうで，保育内容にかかわる領域のねらいや，内容，内容の取り扱いにおいて，持続可能性について言及されている部分はない。また，これまでの先行研究を概観してみても，幼児期のESDについて実証的に扱っているものは僅かである[9]。そういった背景のもと，田中（2023）は，長野県内の幼稚園，保育所，認定こども園などの幼児教育施設を対象に，前述のOMEP ESD評価スケールを活用したESDの実態調査の結果を報告した。調査の結果からは，全体的に，「2.取り組んでいる」を選択する園（施設）が多かったことがわかった。そのなかでも，「環境や自然の保護」「場所（園の敷地）を拠点とした教育」「資源の分かち合い（再配分）」「社会的及び文化的多様性」「園周辺の地域との協働の取り組み」については，「3.良好な取り組み」も10％以上選択されおり，とくに「自然界との関わり」については「4.優れた取り組み（59.7%）」を加えると，全体の85.5%の回答者が，「3.良好な取り組み・4.優れた取り組み」を選択する結果となった。いっぽうで，50%以上の回答者が「1.取り組んでいない」と回答した項目には，「健康的な環境」「お金について」「社会的公正と平等」があった（表1.6）。これらのことからは，幼児期のESDの現状として，「自然界との関わり」「環境や自然の保護」「場所（園の敷地）を拠点とした教育」などの自然体験を中心にした活動に取り組む園は多い一方で，「健康的な環境」「お金について」「社会的公正と平等」といった取り組みが少ないことがあげられる。また，全体的に「3.良好な取り組み」「4.優れた取り組み」を選択する割合が低く，子どもの参画が十分に進んでいるとはいいがたい状況であることもわかった。ただし，同調査の自由記述の内容などから，各園（施設）の個別の活

表1.6　ESDの取り組み実態

ESDの取り組み		度数	1.取り組んでいない	2.取り組んでいる	3.良好な取り組み	4.優れた取り組み
環境的に持続可能について	自然界との関わり	186	0 (0.0%)	27 (14.5%)	48 (25.8%)	111 (59.7%)
	環境や自然の保護	181	13 (7.2%)	139 (76.8%)	20 (11.0%)	9 (5.0%)
	場所(園の敷地)を拠点とした教育	186	4 (2.2%)	149 (80.1%)	28 (15.1%)	5 (2.7%)
	健康的な環境	180	109 (60.6%)	63 (35.0%)	7 (3.9%)	1 (0.6%)
社会・文化的に持続可能について	本,おもちゃ,絵画などにおける表現	175	79 (45.1%)	84 (48.0%)	10 (5.7%)	2 (1.1%)
	社会的及び文化的多様性	180	73 (40.6%)	59 (32.8%)	33 (18.3%)	15 (8.3%)
	社会的公正と平等	176	122 (69.3%)	40 (22.7%)	14 (8.0%)	0 (0.0%)
	園周辺の地域との協働の取り組み	181	60 (33.1%)	70 (38.7%)	40 (22.1%)	11 (6.1%)
経済的に持続可能について	ものを使うこと	181	30 (16.6%)	139 (76.8%)	12 (6.6%)	0 (0.0%)
	お金について	180	153 (85.0%)	15 (8.3%)	2 (1.1%)	10 (5.6%)
	ゴミについて	184	51 (27.7%)	121 (65.8%)	9 (4.9%)	3 (1.6%)
	資源の分かち合い(再配分)	183	78 (42.6%)	50 (27.3%)	54 (29.5%)	1 (0.5%)
合　計			772 (35.5%)	956 (44.0%)	277 (12.7%)	168 (7.7%)

出所：長野県内の幼児教育施設を対象にした調査より

動に焦点を当てていくと,「明治時代の蔵の土を再生し,日干し煉瓦をつくり,かまどをつくった」「子ども達に紙は木からできていること,森の大切さを寸劇で伝え,紙の無駄使いをなくしたり,紙ゴミの分別に取り組んでいる」といった,幼児期のESDとして意義深い活動が行われていることもわかった。

　その必要性は明確にされているものの,具体的な実践の内容が示されていないのが幼児期のESDの課題の1つである。具体的な実践の姿を整理していくことが今後必要になる。

第4節　国内のユネスコスクールの動き

(1) ASPnetとユネスコスクール

　先の世界大戦の反省から,1946年に国際連合教育科学文化機関(ユネスコ: United Nations Educational, Scientific and Cultural Organization)が誕生している。ユネスコ憲章の前文には,「戦争は人の心の中で生まれるものであるから,人の

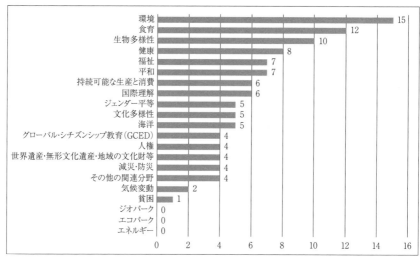

図1.5 「ユネスコスクール」として活動している園（施設）の主な活動分野

心の中に平和のとりでを築かなければならない」と記され，そうしたユネスコの理念を学校現場で実践していくために，1953年にはASPnet（Associated Schools Network）が誕生している。ASPnetは，国際的な学校のネットワークで，加盟校同士（生徒や教師）が活発に交流（情報交換や体験の分かち合い）することで，地球規模での諸問題に若者が対処できることをめざすものである。ASPnetへの加盟が承認された学校は，「ユネスコスクール」と呼ばれ，現在では，世界182カ国で1万2000校以上がASPnetに加盟してしている。日本では，2023年3月現在，1115校がASPnetに加盟して「ユネスコスクール」として活動している[10]。文部科学省は，ユネスコスクール加盟のメリットの1つとして，「ESDのための教材，情報の提供」をあげ，「ユネスコスクールが持続可能な開発のための教育（ESD）の推進拠点」であると位置づけている[11]。国内のユネスコスクールのうち，幼稚園，保育所，認定こども園などは46園（施設）である[12]。

　ユネスコスクールとして活動している園（施設）が登録している主な活動分野は図1.5のとおりである。「環境：15」「食育：12」を主な活動分野として登録している園（施設）が多く，登録が少ない活動分野としては「グローバル・シチ

ズンシップ教育（GCED）：4」「人権：4」「気候変動：2」「貧困：1」などがあった。「環境」「食育」は，領域「環境」や「健康」のなかでも，その必要性が示されている分野であり，園（施設）でESDを推進していくためのきっかけとして取り組みやすい。いっぽうで，「グローバル・シチズンシップ教育（GCED：Global Citizenship Education）」「人権」「気候変動」「貧困」などは，大人でも具体的な実感をもって理解することがむずかしい分野であり，幼児教育・保育のなかで，どのような実践の可能性があるか検討が必要な分野である。ちなみに，「グローバル・シチズンシップ教育（GCED）」は，「地球市民教育」とも呼ばれ，「教育がいかにして世界をより平和的，包括的で安全な，持続可能なものにするか，そのために必要な知識，スキル，価値，態度を育成していくかを包含する理論的枠組み」のことであり，ESD同様教育の質を向上させるものであるとされている[13]。

(2) ユネスコスクールの活動

東京都内で幼稚園としては唯一のユネスコスクールとして活動する東京ゆりかご幼稚園（八王子市）では，園庭や周囲の里山での自然体験活動を中心に，ESDを展開している。とくに，園庭内にある棚田での稲作を中心にした「食育」や，隣接する林に生息するムササビの観察を通しての「生物多様性教育」，織物の町としての八王子市の歴史・文化にふれる「養蚕」，園庭の土を掘り起こし採取した粘土を材料にした「陶芸」などに取り組んでいる。また，水遊びや水やりに使う水を雨水タンクから用いる仕組み（写真1.1）や，隣接する林のなかで見つけたゴミの展示（写真1.2）など，子どもたちの持続可能性に対する意識を醸成するための保育者による工夫も，園内の随所に見られる[14]。

奈良市立六条幼稚園（奈良市）では，「菜の花プロジェクト」として，菜の花を栽培，搾った油を薬師寺や唐招提寺に奉納，そして油の搾りかすを畑の肥料に使うといった活動や，親子で薬師寺の鬼瓦を作成するといった活動に取り組んでいる。環境NPOや地域の協力も得て，循環型社会を意識することや，地域とのかかわりや絆を確認する機会になっているとのことである[15]。

写真1.1　雨水タンク（筆者撮影）

写真1.2　ゴミの展示（筆者撮影）

　広島大学附属幼稚園では，森の幼稚園構想のもと園に隣接する森（裏山）をフィールドに，1カ月に1回森の達人とともに過ごす「森の日」，育てたい野菜を化学肥料を使わずに育てる栽培活動，森の環境を使った「う～んとうごく会」や保護者主催の「森のフェスティバル」の開催など，子どもたちの日常の生活に積極的に森での活動を取り入れている。同園の取り組みからは，幼児教育の基本に忠実に即しながら，ESDを実践していこうとする姿が読み取れる[16]。

■■第5節■■Whole-School Approachとカリキュラムデザイン■■■■■

　本章のまとめとして，ESDを実践していく手法として注目されているWhole-School Approach（ホールスクールアプローチ）について紹介するとともに，幼児教育・保育の視点からのESDのカリキュラムデザインについて述べる。

(1) Whole-School Approach（ホールスクールアプローチ）

　学校や園（施設）全体にESDを浸透させ，あらゆる機関とともにESDを展開させていくことを，ユネスコはWhole-School Approach（ホールスクールアプローチ）と呼んでいる[17]。学校や園（施設）全体で，ESDに取り組むことで，子どもたちのみならず，教員の価値変容も促し，さらには，学校や園（施設）にかかわるすべての人が持続可能性について学び合う機会を創出しようとする取り組みである。「ESD for 2030」においても，「機関包括型アプローチ」として組織全体

でESDを推進することが有効であるとされている。

ホールスクールアプローチの展開方法としては，①教育（保育）課程全体で取り組むESD，②各学年が連携して体系的に取り組むESD，③持続可能性の観点から，校内（園）環境や学びの環境を変革するESD，④PTA（保護者会）活動，地域との行事など，学校（園）を超えて取り組むESDなどが考えられる[18]

(2) カリキュラムデザイン

赤沢（2021）はESDのカリキュラムデザインを進めていくうえで，「目標」と「内容」に視点をおくことが必要であるとしている。また，「目標にしても内容にしても，ESDに関わる広汎な人間的価値や社会的課題を全部網羅しようとしないこと」が大事であると指摘している。ESDは，「現代社会の問題を自らの問題として主体的に捉え，（中略）問題の解決につながる新たな価値観や行動等の変容をもたらし，持続可能な社会を実現していくことをめざして行う学習・教育活動」と整理されているが，その範囲は非常に広く，ESDの対象範囲として，「環境教育」「国際理解教育」「平和教育」「人権教育」など，いくつもの現代的な課題教育の名称があげられる。赤沢（2021）の指摘のとおり，幼児期のESDとして，すべてを網羅的に取り組む必要はない。子どもたちの興味や関心が向いた事柄や，園（施設）の実状に合わせて，主なテーマを決めるところから始めればよい。たとえば，子どもたちが「虫や植物に興味を持ち始めた」ということで，「自然」をテーマにいくつかの活動に取り組んだとしても，いずれ地域の人とのかかわりが生まれ「社会・文化的」な活動に発展することもあれば，自然物でつくった品物を使ってお店屋さんごっこを始めるといった「経済的」な活動に発展することもあるだろう。そもそも幼児教育は，「環境を通して行うもの」であり「遊びを通しての指導」を中心とした総合的なものである。子どもたちの活動が，日々の生活のなかにある連続したものであることをふまえ，保育者がつねに持続可能性という視点をもって，子どもたちの姿や活動内容を見守っていくことが，幼児期のESDを実践していくうえで，最も大切なこととなる。

また，富田（2018）が，「ESDは日本の保育・幼児教育にすでに内包されてい

る」と指摘するように，ESDとして，何か新しい活動をと考える前に，すでに各園（施設）で，取り組まれているさまざまな活動の「目標」や「内容」を持続可能性といった視点から，改めて見直すことでESDとしてのカリキュラムデザインを進めることができるだろう。

本章の課題 幼稚園や保育所，認定こども園で行われている活動（遊び）をESDの視点から見直して，幼児期のESDとして，どのような活動（遊び）の展開が考えられるか検討してみよう。

注

1）公益社団法人日本ユニセフ協会「持続可能な世界への第一歩SDGs CLUB」https://www.unicef.or.jp/kodomo/sdgs/preamble/（2023年9月30日最終閲覧；以下のURLも同じ）
2）Dublin University Press Dublin「sustainable development report 2023」, https://dashboards.sdgindex.org/
3）文部科学省「持続可能な開発のための教育（ESD：Education for Sustainable Development）」https://www.mext.go.jp/unesco/004/1339970.htm
4）中央教育審議会「幼稚園，小学校，中学校，高等学校及び特別支援学校の学習指導要領等の改善及び必要な方策等について」https://www.mext.go.jp/b_menu/shingi/chukyo/chukyo0/toushin/__icsFiles/afieldfile/2017/01/10/1380902_0.pdf
5）文部科学省「幼稚園教育要領」https://www.mext.go.jp/content/1384661_3_2.pdf
6）OMEP「持続可能な開発のための教育（ESD）」https://omepworld.org/education-3/
7）OMEP日本委員会「世界OMEPのESD Rating Scale（ver.2）日本語訳」https://www.omepjpn.org/post/%E4%B8%96%E7%95%8Comep%E3%81%AEesd-rating-scale-ver-2-%E6%97%A5%E6%9C%AC%E8%AA%9E%E8%A8%B3
8）広島県教育委員会「持続可能な社会の担い手の基盤となる能力・態度について」https://www.pref.hiroshima.lg.jp/uploaded/attachment/224014.pdf
9）たとえば，松山孝博・廣田美紀・井上美智子（2022）「持続可能な社会に向けて幼児期における「子どもの参画」を考える－環境学習に取り組むこども園の事例から－」『大阪大谷大学教育学部幼児教育実践研究センター紀要』12,65-86.
10）ユネスコスクール事務局「ユネスコスクールとは」https://www.unesco-school.mext.go.jp/about-unesco-school/aspnet/
11）文部科学省「ユネスコスクール」https://www.mext.go.jp/unesco/004/1339976.htm
12）ユネスコスクール事務局「加盟校・キャンディデート校　校種別学校一覧」https://www.unesco-school.mext.go.jp/schools/list/
13）文部科学省「参考5　GCED：Global Citizenship Education（地球市民教育）について」https://www.mext.go.jp/unesco/002/006/002/003/shiryo/attach/1356893.htm
14）ユネスコスクール事務局「加盟校情報 東京ゆりかご幼稚園」https://www.unesco-school.mext.go.jp/schools/list/tokyo-yurikago-kindergarten/
15）日本ユネスコ協会連盟「事例紹介 奈良市立六条幼稚園」https://www.unesco.or.jp/sdgs-assist/introduction/%e5%a5%88%e8%89%af%e5%b8%82%e7%ab%8b%e5%85%ad%e6%9d%a1%e5%b9%bc%e7%a8%9a%e5%9c%92/
16）ユネスコスクール事務局「加盟校情報 広島大学附属幼稚園」https://www.unesco-school.mext.go.jp/schools/list/hiroshima-university-attached-kindergarten/

17) ユネスコ・アジア文化センター「学校教育における ESD 推進」https://www.accu.or.jp/programme/promote_esd/
18) 日本ユネスコ国内委員会「持続可能な開発のための教育 (ESD) 推進の手引」https://www.mext.go.jp/content/20210528-mxt_koktou01-100014715_1.pdf

引用文献

赤沢早人 (2021)「第3章 新教育課程と ESD」奈良教育大学 ESD 書籍編集委員会編著『学校教育における SDGs・ESD の理論と実践』協同出版

国立教育政策研究所教育課程研究センター (2012)『学校における持続可能な発展のための教育 (ESD) に関する研究〔最終報告書〕』国立教育政策研究所教育課程研究センター

田中住幸 (2023)「幼児期の ESD としての自然保育の可能性」『2022 年度えぞ CONE/日本環境教育学会北海道支部合同フォーラム研究・実践報告会要旨集』9-11 頁

田宮縁 (2016)「幼児教育における ESD の意義と可能性—ユネスコスクールの実践の検討」『静岡大学教育学部研究報告.教科教育学篇』47,57-66 頁

冨田久枝 (2018)「ESD に関する国際的な動向」『持続可能な社会をつくる日本の保育—乳幼児期における ESD』かもがわ出版

萩原元昭 (2020)「子供の ESD 参画のための変革の課題と方法—参加型実践システムから参画型実践システムへ—」萩原元昭編『世界の ESD と乳幼児期からの参画—ファシリテーターとしての保育者の役割を探る』北大路書房

ロジャー・ハート／木下勇・田中治彦・南博文監修 (2000)「第3章 組織の原則」『子どもの参画—コミュニティづくりと身近な環境ケアへの参加のための理論と実際』萌文社

Ingrid Engdahl (2015) *Early Childhood Education for Sustainability: The OMEP World Project*, IJEC, 47:347-366

第1節 子どもが地域資源とかかわる意義

　現行の幼稚園教育要領や保育所保育指針，幼保連携型認定こども園教育・保育要領には，乳幼児期における教育や保育は「環境を通して行うこと」を基本とすることや，子どもが環境とかかわることの重要性が述べられている。保育における環境とは，人的環境や物的環境，自然事象，社会事象といった子どもが生活のなかで出会う多様な環境や事象をさす。「幼児期の終わりまでに育ってほしい姿」で紹介されている具体的な姿は，上記の多様な環境とのかかわりを通して達成されるものといえよう。

　長く環境教育にかかわってきた者として，保育においてよく聞くフレーズに違和感を覚えることがある。1つ目は「自然を活かした保育」である。もちろん，自然を子どもの育ちや学びに活かすことは重要であり誤りであるというつもりはないが，自然や環境，資源を人間のために活かすだけになっていて，それらとの関係が一方向となっているという違和感である。2つ目は「子ども主体の保育」である。これも重要な考えであり，異論を唱えるつもりはないが，子どもを支える大人や人間以外の生物，無生物，自然そのものが主体と考えられていないという違和感である。

　上記をふまえ，幼児環境教育や自然保育を通して子どもが地域資源にふれる意義を整理したものが図2.1である。まず，地域資源を幼児環境教育や自然保育に活用する流れを右向きの矢印とし，その流れに2つの意義があるとしている。1つ目が子どもの育ちや学びを促すという意義である。以前から保育において考えられてきたことであり，近年では自然保育への訴求力の高まりによって再認識されている意義といえる。2つ目は，持続可能な社会の担い手を育てていく環境教育としての意義である。現行の幼稚園教育要領に初めて「持続可能な社会」が明文化されたことは，改めて幼児期からの環境教育の重要性が指摘されたものといえる。つぎに，幼児環境教育などが持続可能な地域づくりに貢献

する流れを左向きの矢印とし，3つ目の意義として地域社会を元気にすることをあげた。子どもが地域資源にふれることが持続可能な地域づくりにつながることを意味する。

筆者がかかわる長野県飯田市では，里山や川，田畑を舞台にして，地域の自然や人々，伝統文化とのかかわ

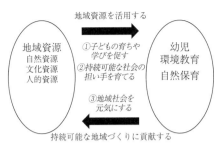

図2.1　子どもが地域資源とかかわる3つの意義
出所：増田（2019）を改変

りを大切にした自然保育が展開されている。地域資源とのつながりを大切にした自然保育は，子どもの育ちや学びの機会になっている（意義①）のに加えて，環境教育の機会ともなっている（意義②）。また，保育に活かすことで，地域の環境保全や伝統文化の継承にもつながっており，子どもたちの元気な声は地域住民を元気にしている（意義③）。つまり，図2.1のように矢印が双方向となっているのである。

このような地域資源と幼児環境教育などとの関係性を成立させるための教育が，本章で紹介するインタープリテーションである。なお，環境教育やインタープリテーションでは，保育における環境とほぼ同じ意味で「資源」という言葉を使うため，本章においては環境と資源を同義として扱うこととする。

第2節　インタープリテーションとは

インタープリテーションとは，1800年代終わりから1900年代初めにかけてアメリカの国立公園で誕生し，発展してきた教育的なコミュニケーションである。日本でも，1950年代から自然公園での実践が始まり，今では多分野で応用されている。

図2.2では線の上側と下側に数個ずつ言葉が書かれているが，上下でどのような違いがあるか考えてみたい。

インタープリテーションにおいては，上側を「さわれるもの」，下側を「さわれないもの」と表現している。「さわれるもの」は「五感により体験できるもの」，

「さわれないもの」は「意味」や「価値」「概念」ということもできるだろう。さらに，上側を「モノ（形のあるもの）」，下側を「コト（形のないもの）」と紹介することもある。

表2.1を使って改めて説明すると，「インタープリテーションとは『さわれるもの』を

ドングリ、ダンゴムシ、虫の音、寺社

関係性、歴史、自然観、生物多様性

図2.2 インタープリテーションが扱うこと

通して『さわれないもの』を解き明かす教育活動」となる。換言すれば，「『五感による体験』を通して『（資源のもつ）意味や価値，概念』を解き明かす教育活動」や「『モノ（形のあるもの）』を通して『コト（形のないもの）』を解き明かす教育活動」となる。つまり，インタープリテーションは上側を通して，下側に迫ろうという教育活動なのである。

インタープリテーションの定義で最も知られているものは，フリーマン・チルデン（1957）によるもので，著作 *Interpreting Our Heritage* において「単に事実や情報を伝えるというよりは，直接体験や教材を活用して，事実や事象の背後にある意味や相互の関係性を解き明かすことを目的とする教育的な活動」（Tilden, 1957／邦訳，日本環境教育フォーラム，1994）と述べられている。チルデンの定義のなかの「事実や情報」が図2.2や表2.1の上側となり，「事実や事象の背後にある意味や相互の関係性」が下側にあたる。上記以外にも多様な定義があるが，共通しているのは資源と対象者との間につながりをつくることであり，資源と対象者の橋渡しをすることである。

以上をふまえて，筆者は「インタープリテーションとは，地域資源の意味や価値を共有することを通して，持続可能な社会づくりに貢献する教育活動」と考えており，対象者の共感的理解を導く教育活動と捉えている。

インタープリテーションを行う人をインタープリターという。その役割とし

表2.1 「さわれるもの」と「さわれないもの」

上側	さわれるもの	五感による体験	モノ（形のあるもの）
下側	さわれないもの	意味・価値 概念	コト（形のないもの）

て，「橋渡し役」という表現がよく使われる。資源と対象との橋渡し役であり，自然や文化，地域と人々の間の橋渡し役であり，「つなぐ人」と紹介されることもある。

　日本におけるインタープリテーションは，前述の自然公園に加えて，歴史保存地域，博物館，環境教育現場などで実践され，観光や地域づくりにも応用されている。観光における来訪者の地域資源への興味関心や理解を深め，旅行の楽しさを高めることに寄与する。地域づくりにおけるインタープリテーションは，地域住民に対して資源のもつ意味や価値を再認識させ，地域に誇りをもたせる役割を果たす。さらに，社会教育として始まったインタープリテーションは，学校教育や保育においても応用されるようになっており，その役割はますます大きくなっているといえる。

　多分野で応用されているインタープリテーションは，表2.2のように多様なスタイルや手法で展開されている。

■インタープリターのかかわりによる分類

　インタープリテーションは，インタープリターのかかわりの有無によりパーソナル・インタープリテーションとノンパーソナル・インタープリテーションとに大別できる。

＜パーソナル・インタープリテーション＞

　インタープリターが登場し，直接指導するインタープリテーションである。

表2.2　インタープリテーションの多様なスタイル

インタープリターの かかわりの有無 ＼ コミュニケーションの あり方		説明型 （一方向型） インター プリター ⇓ 対象者	やりとり型 （双方向型） インター プリター ⇅ 対象者	参加者主体型 （多方向型） インタープリター ⇅　⇅ 対象者⇔対象者
パーソナル・インタープリテーション	ガイドウォーク，町並みガイドツアー，館内園内トーク，地域住民による語り	レクチャー的な自然や歴史の解説	クイズや質問を通したやりとり	自然物を活用した創作・表現活動
ノンパーソナル・インタープリテーション	関内展示，自然歩道の案内板，写真，映像，セルフガイドシート	博物館の展示，野外の案内板，映像	体験型展示（ハンズ・オン展示）	セルフガイドシート

写真2.1　環境教育施設におけるガイドウォーク　　写真2.2　きれいな石を愛でる

自然公園におけるガイドウォークや町並み保存地区におけるガイドツアー，博物館などにおける解説員の館内トーク，地域住民による語りなどがあたる。保育の現場であれば，保育者主導のお散歩や製作活動と外部講師による多様な活動にあたる。

　インタープリターは常に対象者の反応を得ることができるため，柔軟にアレンジしながらインタープリテーションができる一方，対象者とのコミュニケーションを大切にしているため，対象人数の設定が要点となる。室内でのトークプログラムであれば，大人数の対応も可能であるが，野外でのガイドウォークの場合は，対象者やフィールド，安全対策などをふまえた人数設定となる。

　代表的なパーソナル・インタープリテーションであるガイドウォークでは，チルデンの定義にある直接体験や教材が活用される。よい香りのする葉があれば対象者と一緒に嗅ぎ，きれいな石があれば拾うこともある。石はビーズを入れるケースに水とともに入れるとさらに美しくなる。直接体験や教材を通して，「事実や事象の背後にある意味や相互の関係性」に迫っていくのである。

＜ノンパーソナル・インタープリテーション＞

　インタープリターがその場に存在しなくても成立するインタープリテーションである。博物館等における展示や自然歩道沿いの案内板，壁に掲示する写真，モニターに映し出す映像，セルフガイドシート，インターネットメディアなどがあたる。保育の現場であれば，保育室内に掲示する自然や季節を紹介する絵

写真2.3　環境教育施設の近隣に棲む動物に関する展示　動物のおしりだけを見てから，裏側に回ると正体がわかる展示

や写真，子どもだけで楽しめる玩具や絵本，生き物を飼う水槽，保護者に園の様子を伝える通信などがあたる。

　このスタイルの場合，インタープリターは展示や案内板等のメディアを介して間接的に対象者とかかわることなる。上記の多くは途中でアレンジすることがむずかしいため，インタープリターは対象者の感情や思考，行動を想像しながら，メディアを準備し，構成する必要がある。ノンパーソナル・インタープリテーションにはインタープリターの経験や力量が求められる一方で，一度に多くの人の対応ができるという長所をもつ。

＜パーソナルとノンパーソナルの組合せ＞

　すべてのインタープリテーションが，パーソナルとノンパーソナルとに分類できるわけではなく，両者の組み合わせで構成されることもある。ガイドウォークであれば，パーソナルを主としながら，「これからの時間はお渡しするシートを読みながら過ごしてください」と声かけし，森のなかで1人の時間を誘うこともある。室内での映像鑑賞の場合にも，前後にインタープリターの解説が入ることで対象者の気づきや学びを促進することができる。

■**コミュニケーションによる分類**

　インタープリターと対象者，そして対象者同士のコミュニケーションのあり方によって，以下の3つに分類できる。

<説明型＝一方向型>

　インタープリターによる説明中心に行われるインタープリテーションである。このときのコミュニケーションは,「インタープリター ⇒ 対象者」の一方向となる。野外での自然観察会や室内における講演やスライドショーの場合には,このスタイルを柱とすることがある。対象者は一方的に話を聞くことになり,集中力や関心を失うおそれもあるが,人をひきつける話し方や紙芝居,人形などの教材や小道具を用いることで楽しい時間をつくり出すことができる。

<やりとり型＝双方向型>

　インタープリターがクイズを出して対象者に答えてもらう,あるいは「この木の実を触ってみてください」といった声かけをして体験を誘うやりとりをしながら展開するインタープリテーションである。このときのコミュニケーションは,「インタープリター ⇔ 体験者」の双方向となる。インタープリターと対象者によるキャッチボールを通して,資源の意味や価値を明らかにしていくスタイルで,野外・室内問わず導入されており,対象者の参加や体験を促す型のため,「参加型」「体験型」といわれることもある。

<参加者主体型＝多方向型>

　インタープリターは導入やまとめを担当し,主な時間は対象者が主体的に活動するインタープリテーションである。このときのコミュニケーションは,「インタープリター ⇔ 対象者」だけでなく,対象者同士の関係にも広がっていく。

　このスタイルの場合,インタープリターの役割は対象者の援助者(ファシリテーター)の要素が大きくなる。何かを探したりつくったりする活動であればその活動から気づき学ぶサポートを,作品を発表することがあれば,進行をしながら作者の意図や思いを引き出していくことになるため,「ファシリテーション型」と表現されることもある。

■インタープリテーションの多様なスタイル

　インタープリターのかかわりによる分類とコミュニケーションによる分類を組み合わせると,表2.2のように6つの型に分けることができるが,これはあくまでも便宜的なものであり,実際には境界線上のものもあれば,複数の要素を

あわせもったインタープリテーションもある。それぞれに長所と短所をもっていることや，対象者や人数，時間などの条件により選ぶことが大切である。インタープリテーションの多様なスタイルや考え方は，保育に応用することができるだろう。

■第3節■ 保育におけるインタープリテーションの意義 ■■■"■"■"■"■

以前から保育においては，子どもが地域資源にふれることは重要とされてきたが，それは子どもの育ちや学びを促す側面が大きかった（図2.1の意義①）。しかし，幼稚園教育要領などにおける領域「環境」の記述を読んでいくと，環境教育やインタープリテーションにつながる要素を見つけることができる。

まず，3歳以上児の保育のねらいの1つ目の「身近な環境に親しみ，自然と触れ合う中で様々な事象に興味や関心をもつ」は，インタープリテーションの役割である資源と対象者につながりをつくることと重なる。また，内容の「①自然に触れて生活し，その大きさ，美しさ，不思議さなどに気付く」「②生活の中で，様々な物に触れ，その性質や仕組みに興味や関心をもつ」「③季節により自然や人間の生活に変化のあることに気付く」「⑤身近な動植物に親しみをもって接し，生命の尊さに気付き，いたわったり，大切にしたりする」「⑥日常生活の中で，我が国や地域社会における様々な文化や伝統に親しむ」（下線は筆者）の下線部は，図2.2の下側の「さわれないもの」に重なる。さらに，内容の取扱いには「物事の法則性」「（身近な事象や動植物に対する）親しみや畏敬の念，生命を大切にする気持ち」「社会とのつながり」などの図2.2の下側の「さわれないもの」につながる要素を見つけることができる。

同様に，1歳以上3歳未満児の保育のねらいや内容，内容の取扱いからも，インタープリテーションの役割や図2.2の下側の「さわれないもの」につながる要素を見いだすことができる。さらに，乳児保育の視点「身近なものと関わり感性が育つ」のねらいや内容にも，資源と対象者につながりをつくるというインタープリテーションの役割と重なる表現がみられる。つまり，領域「環境」や関連する乳児保育の視点を実践するにあたって，インタープリテーションを意識

したり，活用したりすることは有効であるといえる。

いっぽう，幼児期における環境教育においてもインタープリテーションにつながるキーワードを見いだすことができる。井上 (2012) は，「幼児期の環境教育は，幼児の生活全体で子どもの主体的な遊びを重視しながら，持続可能な社会形成につながる環境観を育てること」と述べ，環境観とは「自然を『人間の生存の基盤をなす存在であり，多様性・循環性・有限性をもつ存在』と捉えること」と紹介している。この環境観がインタープリテーションにおける「さわれないもの」，すなわち自然をはじめとする資源のもつ意味や価値，概念と重なると考えられる。

筆者らは，日本環境教育学会の2013〜2015年度プロジェクト研究「幼児期における環境教育」において，「幼児期における環境教育のためのチェックリスト」を作成した。幼稚園や保育所，幼保連携型認定こども園，森のようちえん，環境教育団体，青少年教育施設などにおける，幼児環境教育の現状や課題を把握するための助けになり，今後実践をしたい人の参考となることをめざして，幼児

表2.3　幼児期における環境教育のためのチェックリスト＜2016年6月版＞

1．目的
幼児期における環境教育を通して，学んで欲しいことや身に付けさせたいこと＝ねらいを明確にする。また，設定したねらいを関係者 (保育者，保護者，指導者，協力者など) と共有する。
＜チェック項目例＞
□自然や生き物の豊かさ (生物多様性)
□人や文化の豊かさ (人や文化の多様性)
□自然や生き物が関係し合っていること (生態系)
□自然界では生産者・消費者・分解者がつながり合っていること (循環)
□自然と人がつながっていること (自然と人の関係性)
□自然のおもしろさや不思議さに気づく感性 (センス・オブ・ワンダー)
□自然の大切さ (保護・保全)
□資源に限りがあること (有限性)
□生き物には命があること (命)
□自然や環境に対する価値観 (自然観)
□自分や他者を尊重すること (人間関係)
□他者と協力することの大切さ (人間関係)
□自然や生き物への興味関心を持つこと (興味関心)
□自然や生き物への愛着を持つこと (愛着)
□自然や他者のために自ら活動すること (行動力)
□自身で設定したねらい
＞具体的に記述する＝

出所：プロジェクト研究「幼児期における環境教育」2016より抜粋

環境教育にかかわる実践者や研究者と議論を重ねて作成したものである。「1. 目的, 2. 環境, 3. 活動, 4. 指導者の心構え」という4つの柱を設定し, 具体的なチェック項目を設定した。「1. 目的」のチェック項目を作成する際に参考としたのが,「持続可能な社会形成につながる環境観」である。

　以上から, 保育および幼児環境教育において,「さわれないもの」(意味や価値, 概念) というインタープリテーションが解き明かしたい要素が重なっていることがわかった。だからこそ, 保育者がインタープリテーションを理解し, 実践できるようになることが重要なのである。

第4節 保育現場でのインタープリテーション実践

　フリーマン・チルデンは, "*Interpreting Our Heritage*" のなかでインタープリテーションの6つの原則をあげた(表2.4)。6つ目に子どもを対象としたインタープリテーションの要点を紹介し, 大人用のインタープリテーションをアレンジするのではなく, 根本的に異なるアプローチをとることや別のプログラムを用意することが必要と述べている。

　また, インタープリテーションが誕生したアメリカで書かれ, 世界各地で活用されている『インタープリターズ・ガイドブック』(2015；山本訳, 2023) には,「子どもを対象としたインタープリテーション」に関する章があり, 子どもの各発達段階や年齢期の特徴や課題などの発達に関する理解の重要性が述べられて

表2.4　インタープリテーションの6つの原則

1. インタープリテーションは, ビジターの個性や経験と関連づけて行われなければならない。
2. インタープリテーションは, 単に知識や情報を伝達することではない。インタープリテーションは啓発であり, 知識や情報の伝達を基礎にしているが, 両者はイコールではない。しかし, 知識や情報の伝達を伴わないインタープリテーションはない。
3. インタープリテーションは, 素材が科学, 歴史, 建築, その他何の分野のものであれ, いろいろな技能を組み合わせた総合技能である。技能であるからには人に教えることができる。
4. インタープリテーションの主眼は教えることではなく, 興味を刺激し, 啓発することである。
5. インタープリテーションは, 事物事象の一部でなく全体像を見せるようにするべきであり, 相手の一部だけではなく, 全人格に訴えるようにしなければならない。
6. 12才ぐらいまでの子どもに対するインタープリテーションは, 大人を対象にしたものを薄めて易しくするのではなく, 根本的に異なったアプローチをするべきである。最大の効果を上げるには, 別のプログラムが必要である。

出所：Tilden, 1957／日本環境教育フォーラム訳, 1994

いる。具体的には，ピアジェらの発達理論をふまえることで，乳幼児を対象にしたインタープリテーションであれば，「感覚を使ったシンプルな体験を通して，まずは身のまわりの環境に触れるところからの活動」から始めるべきとしている。また，未就学児を対象にしたインタープリテーションを実施する際に重要なことは，「遊びや想像力，感覚を通した体験を重視すること」と述べている。

　子どもの発達や成長をふまえて行うという点では，保育もインタープリテーションも同じである。保育のために学んだ発達に関する理解をインタープリテーションにも活かしてほしい。

　なお，対象者理解には，上記の理論や対象者一般の行動の法則性を理解する「一般的理解」と，ある特定の参加者の個性や行動の特性を理解する「個別的理解」とがある。発達理論を通した理解（一般的理解）だけでなく，目の前で向き合う子どもの姿や感情からの理解（個別的理解）も大切であることを忘れてはならないだろう。

　『インタープリターズ・ガイドブック』では，未就学児向けのインタープリテーションに取り入れる要素として，「ゲームや遊び，人形やキャラクター，歌，物語（語り聞かせや読み聞かせ），五感を使った探究活動」をあげている。これらを取り入れることで，チルデンの6つ原則における根本的に異なるアプローチや別のプログラムとなるだろう。

　未就学児にとっては，ファンタジーの要素を取り入れた活動も魅力あるものとなる。筆者が山梨県北杜市において担当していた幼児環境教育事業で開発した活動の1つに「森からの手紙」がある。これは，子どもたちに森から手紙が届いたという設定で実施されるもので，手紙には「もりにあそびにきてね」という文章と「つぎのてがみまでのいきかた：わかれみちをひだりにいこう。うさぎのか

写真2.4　森からの手紙

んばんまですすもう」と書いてある。子どもたちはそのヒントを手がかりに次のポイントまで進み，新たな手紙を読み，次のポイントへ進んでいく。その過程で，「きのみをさがそう」「せのたかいくさをさがそう」などの課題にも取組みながらゴールの森にたどり着くという活動を，子どもたちは夢中になって体験していた。

写真2.5 「循環」に関するインタープリテーション

また，保育現場でインタープリテーションを実践するにあたっては，「さわれるもの」（五感による体験）を通して「さわれないもの」（意味や価値，概念）を解き明かすことや，「さわれないもの」と「持続可能な社会形成につながる環境観」が重なっていることを意識したい。

保育にインタープリテーションを活かすためのトレーニングを紹介する。鶴見大学短期大学部専攻科の授業において「持続可能な社会形成につながる環境観」に基づくインタープリテーションの実習を行った（写真2.5，2.6）。この学生たちは環境観

写真2.6 セミの死骸から

写真2.7 保育者研修での提示

のうち「循環」を選んだうえで，ミミズや野菜が登場する紙芝居を作成し，子どもたちとやりとりしながら実践した。このほかにも「命」や「多様性」に関するインタープリテーションも行われた。写真2.7は保育者研修において提示したもので，お散歩中にセミの死骸（さわれるもの）に出会ったら，どんな意味や価

値，概念（さわれないもの）を扱えるか，またどんな体験ができるかということを検討した。皆さんもぜひ考えてみてほしい。

■ 第5節 保育とインタープリテーションをつなぐ ■■

　冒頭に地域資源と幼児環境教育などとの関係性を成立させるための教育が，インタープリテーションであると述べた（図2.1）。それは，インタープリテーションを通して地域資源と子どもとのつながりをつくることができ，子どもをはじめ教育活動にかかわるすべての人々に対して地域資源のもつ意味や価値を考えるきっかけをつくることができるからである。自分にとって地域資源がつながりや意味，価値をもつものとわかれば，地域資源への貢献の矢印も機能するようになるだろう。すなわち，保育を通して地域社会を元気にすることや持続可能な地域づくりに貢献できるのである。

　筆者は幼児環境教育や自然保育だけでなく，通常の保育にもインタープリテーションを応用することで，図2.1の関係性を成立させることができると考えている。そのためには，現状でも忙しい保育のなかに新たにインタープリテーションを取り入れるという考えではなく，両者は共通性をもっていることやインタープリテーションを応用することで保育が豊かになるという考えをもちたい。

　前述のとおり，両者の共通点として，幼稚園教育要領等における領域「環境」のねらいや内容，内容の取扱いの記述にはインタープリテーションの「さわれないもの」（意味や価値，概念）と重なる要素があることがあげた。また，前提として資源／環境に基づく取り組みであることも共通している。保育は「環境を通して行う」ことを原則としていることに対して，インタープリテーションは地域資源に基づく教育活動であることを原則としている。さらに直接体験と教材を活用することも共通している。保育では子どもが遊びや生活などの直接的な体験をすることが大事にされており，インタープリテーションと同じように教材や小道具も多用している。紙芝居，絵本，ペープサート，エプロンシアターなどの教材が，そのままインタープリテーションにも応用できるものである。

ぜひ皆さんには，子どもと環境をつなぐインタープリター，および保育とインタープリテーションをつなぐインタープリターとして，活躍いただきたい。

本章の課題　以下の①〜③をふまえて，子どもを対象にしたインタープリテーションを検討してみよう。例〔多様性：園庭や公園にいる生き物を調べ，模造紙を使って大きな生き物マップをつくる〕
　①「さわれないもの」(関係性，命，生物多様性，有限性など) を設定する
　②「さわれるもの」(身近な資源) を通した体験的な活動を考える
　③教材を活用する

引用文献・参考文献

井上美智子 (2012)『幼児期からの環境教育』昭和堂
キャサリーン・レニエ他／日本環境教育フォーラム監訳 (1994)『インタープリテーション入門―自然解説技術ハンドブック』小学館
ジム・ブックホルツ他／山本幹彦監訳 (2023)『インタープリターズ・ガイドブック―意味の探求を促すガイドの技術』ラーニングアウトドア
津村俊充・増田直広他編 (2014)『インタープリター・トレーニング』ナカニシヤ出版
内閣府他 (2017)『幼稚園教育要領・保育所保育指針・幼保連携型認定こども園教育・保育要領』チャイルド本社
日本インタープリテーション協会 (2022)『インタープリター トレーニング セミナー テキストブック version 2』
日本環境教育学会プロジェクト研究「幼児期における環境教育」(2016)「幼児期の環境教育のためのチェックリスト」

(1) 子どもの生きものとのかかわり

　幼児期の子どもは生きものをどのように捉えているのだろうか。幼児期の発達の特徴として，無生物に対してもまるで命や意思があるかのように捉えるアニミズム的思考があげられることがある。アニミズムとは，生物（とくに人間）がもつ特徴を無生物にもあてはめて用いることであり，擬人化の一形態といえる。幼児の描いた太陽，花，車などの絵に目や口が描かれていることが例としてあげられ，子どもは生物・無生物関係なく，すべてのものが生きていると捉えていると考えられていた。しかし近年，幼児期の子どもは生物をどのように捉えていくのかを調べた発達研究が進み，アニミズム的思考は幼児期において普遍的な現象ではないことがわかっている。つまり，子どもはごく幼いころから生物と無生物を区別することができ，生物学的理解をすることが示されている。

　生きもの（生物）とは本来植物，動物，菌など多様なものを含むが，保育現場では生きものというと動物をさすことが多いため，この章では生きもの（生物）のなかでも動物を取り上げ，幼児期の子どもと動物が触れ合うことの意義について説明する。読者の皆さんは，自然界には動物だけが生きているわけではなく，植物や菌に加え，土や水，太陽などが関係しあい，つながっている自然環境を想像して読み進めてほしい。

　乳幼児期の子どもの身近な動物として，園庭に訪れるチョウやセミなどの昆虫類やツバメなどの鳥類，池のような水場が近くにあればメダカなどの魚類やカエルなどの両生類，カメなどの爬虫類があげられる。畑やプランターでは，そこに住んでいるダンゴムシといった節足動物やミミズといった環形動物を発見できる。園によっては，ウサギ，モルモットなどの小動物を飼育している場合もあり，園外に目を向けると，散歩中に出会うイヌやネコといったほ乳類も

身近な動物といえるだろう。そのほか，動物園などの施設で出会う動物は，友だちと遊ぶ手遊び，リズム表現の歌詞や絵本のなかにも登場し，子どもは動物を直接見る機会は少なくとも，名前とその容姿をよく知っている。

(2) 生きている動物

　動物はそれぞれ大きさも形も色も異なり，種ごとに特徴をもっている。見た目だけはなく，食べる物や寿命などもそれぞれ違いがあり，心臓を打つ回数と寿命には関係がある。心臓が1回ドクンと打つ時間はヒトではおおよそ1秒であるが，ハツカネズミのような小さなものでは，1分間に600〜700回といわれ，1回ドクンと心臓を打つのに0.1秒しかかからない。動物の身体の大きさによらず，ほぼすべての動物において心拍数も呼吸数も一生の間に打つ総数はみな同じであり，20億回程度といわれている。そのため，身体の大きさによって心臓を打つ速さは異なり，身体が大きくなるにつれてゆっくり打つようになる。たとえば，1回心臓を打つには，小さいネズミでは0.1秒，ネコでは0.3秒，ウマでは2秒，大きいゾウだと3秒かかるという。心臓に限らず細胞の代謝も身体の大きさに関係していて，動物の大きさと寿命はほぼ比例する。小型の動物は短命で，大型の動物は長命となる。図3.1に示すように，カブトムシの寿命は2〜3カ月が一般的であり，メダカは1年以上，ネズミは2〜3年，アマガエルやウサギは5〜7年，サルは25年，ゾウは70年というぐあいに，動物の種類によっておおむね決まっている。寿命が短い動物ほど卵や子どもを産む回数や数は多い傾向

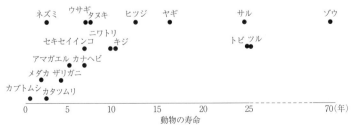

図3.1　いろいろな動物の寿命　寿命には平均的な値を用いており，種類や個体によって異なる。

がある。

　このような多様な動物との触れ合いを通して，子どもは自分とは違う動物の姿を知ることができる。子どもは寿命が短い昆虫の幼虫から蛹（さなぎ），蛹から成虫への姿の変化やオタマジャクシからカエルへの成長の姿など動物の成長を観察する機会は多くなる。そして，自然環境のなかで出会う動物には不思議なことがあふれていて，子どもたちにはたくさんの「なぜ？」という疑問が生まれ，動物に対しての好奇心がそそられる体験となるだろう。

第2節　子どもの成長を促す動物の力

(1) 園での飼育動物

　保育現場では，古くから命の大切さを子どもに伝えるために動物飼育を取り入れてきたとされる。元来，子どもは動物に興味や関心をもつが，動物に対して共感し愛情を持てるようになるには，その動物と同じ時間を過ごし，その立場に立つことが必要である。その動物が何を食べどのような排泄をするのか，いつ寝るのかなどその動物の1日の生活を知ることにつながり，動物の一生，つまりは誕生から死までかかわることもある。園において動物飼育を行うためには，保育者の動物に対する知識と意識を高め，行動することが重要となる。また，子どもだけでなく子どもの周りにいる保育者を含む大人は，動物は教材としての意義だけではなく，命ある生物であるという自覚を持たなければならない。

　保育施設で飼育している小動物や鳥の多くは，ペットショップ等で入手できる種類が中心となる。一般的に小型のほ乳類であるハムスター，モルモットやウサギが飼育動物としてあげられる。鳥類ではニワトリやアヒル，セキセイインコやジュウシマツなどが見られる。ときにはヒツジやヤギ，イヌやネコなどが園内で生活していることもある。いっぽう，身近なカブトムシ，チョウなどの虫や魚類は購入している場合もあるが，多くは園児や保護者が公園などで捕まえたり，園に関係している地域の人が持って来てくれたりする。

　園内，とくに子どもが毎日見ることができる場所で飼育することにより，食

事や掃除といった世話をすることにつながり，この過程を経験することで責任感が養われ，思いやりの心が育ち，自尊感情が高まるといった効果があると考えられている。この効果を得るために求められることは，飼育している動物の自然（野生）での生息環境の理解である。その動物はどのような場所を好み快適と感じるのか，どのような食べものが好きなのか，子孫を残すためにはどのような環境が適切なのかなどを考えることが，その飼育動物への愛情につながる。動物の存在は神秘的であり，生命の大切さにつながる産卵・孵化・変態・脱皮などを目の当たりにすることにより，子どもの心にはさらに大きな感動がうまれるだろう。

　ヒトと同じように動物も生活する環境が変わればストレスが生じ，元気がなくなる。子どもの周りにいる大人が動物の気持ちを考える姿勢を持って子どもに寄り添うことで，子どもは飼育している動物に持続的に関わり，先に示したような感情が育まれると考えられる。

(2) 子どもと飼育動物

　春になるとオタマジャクシとの出会いがある園も多いだろう。オタマジャクシはカエルの子どもであるが，そのオタマジャクシを見てカエルの種類まで見分けることは難しい。オタマジャクシがカエルになる姿を見せてあげたいと園内で飼育するとき，想像していたより大きなオタマジャクシに出会うこともしばしばある。ある園でも園にやってきたオタマジャクシを大きなたらいに入れて育てていた。オタマジャクシのそばに親カエルがいるわけではないので，どんなカエルに変身するのか子どもたちも楽しみにしながら，毎日かかわる姿がみられた。オタマジャクシがカエルになる様子は大人であっても不思議である。ほぼカエルの姿に変身したとき，ピョ～ンと飛び，水の中から出てくる。子どもたちは出てきたカエルを追いかけ，飛ぶ姿を真似する。カエルは小さく，どこにでも逃げることができるため，お別れをいうことなく，子どもたちの前から姿を消してしまう。しかし，ある日カエルが園にやってくると，子どもたちは「カエルさんが帰ってきた！」と喜ぶ。園から去っていったカエルであるか

は定かではないが、子どもにとってはまた会えたことが喜びとなる。そして冬になり、カエルの卵が園の水辺に見られたときはあのときのカエルが赤ちゃんを産んでいるとさらなる感動を体験する。一匹のカエルの成長から次の世代へのつながりを知り、カエルや他の動物にも家族や仲間がいることを感じ得る。

その動物の気持ちに寄り添い、感動体験することで、子どもの心は豊かになる。これはカエルだけでなく、チョウやセミ、トンボ、カブトムシなど他の動物でも同じである。飼い続けるだけことだけでなく、園にやってきた動物を見つけ、「おかえり」「ようこそ」と迎え入れる子どもの行動と心を大切にしてほしい。

ウサギやニワトリは、保育施設や小学校での飼育動物のなかで人気のある動物といわれている。幼少期に関わったことがある人も多いだろう。多くの場合、飼育当番が決められていて、当番以外の子どもがこれらの動物とかかわる機会は少なかったかもしれない。しかし、とくに近年、恒温動物である鳥類やほ乳類に毎日触れることができる機会は感情移入を通して命あるものとかかわることができるため貴重である。その動物に触れ、体温の温かさを感じ、鳴き声や行動からその動物の感情を読み取ろうとする経験が容易にできる。最初は動物に触ったり、抱っこしたりすることにドキドキしていた子どもも、「今日は元気がないみたい」などと動物の体調を周りの大人に伝えてくれるようになる。言葉が通じない動物の気持ちを考えることができる力は、他者の気持ちの理解にもつながることが多くの研究で明らかになっている。

先に述べたが、これらの動物の寿命は人間よりも短い。そのことを体感できる活動がある。それは心音を聞くことである。大人になっても聞いたことがない人は多いが、聴診器を使ってその動物の心音を聞いてみることで、どれだけ早く心臓が動いているかがわかり、驚く。写真3.1は保育者をめざす学生がウサギの心音を聞いている様子で

写真3.1　ウサギの心音を聴診器で聞いている様子

ある。ウサギの心音を聞き,「怖がっているのかな」「緊張しているのかな」と想像しながら, ウサギが生きていることを感じる。動物と深く触れ合うことで, 体験者の年齢に関係なく「生」を実感するのである。

(3) 保育者の向かい方

　飼育動物も怪我をしたり病気になったり, 体調は変化する。適切な飼育において, 保育者は正確な知識をもつことに加えて, その動物に対する思いやりの心を持って接することが大切である。ただし, 子どもは動物を思いやる気持ちが強くなり, 触り過ぎることもあるので注意は必要である。ヒトの体温とそのほかの動物に適した温度は異なり, ヒトの体温で動物が火傷することもある。また, 独特な形をもつカブトムシの蛹に触り過ぎると羽化が不完全となり, 羽化の途中で成長が止まる(死んでしまう)ことやツノが曲がるといった奇形が生まれることもある。保育者は, 動物の生命を大切にするために動物の特徴や飼育に関する基礎知識をもっておく必要がある。

　飼育しようとする動物の自然(野生)での生息環境や食などの特徴を調べ, ストレスなく快適に暮らせるために, できる限り本来の生息状況に近づくように子どもと環境をつくるべきである。思いやりの心とは相手の立場に立って考えることであるから, 飼育する際はその動物の立場に立って考え行動することが求められる。保育者は子どもをよく観察し, 理解する力が必要であるのと同じように, 飼育動物に対しても理解するための努力を怠らず, 様子を観察し,「体調が悪くないか」「喜んでいるのか」など想像してほしい。虫に対しては苦手, 怖いという保育者も少なくない。しかし, 虫にも感情に近いものがあると捉えれば見方が変わるかもしれない。たとえば, トンボやセミなどの虫は急に捕まえられると足や翅をバタバタして嫌がっていることを表す。カマキリは, 怒るとカマ状の前足を大きく広げて構え, 立ち上がって相手を真っ向からにらみ威嚇する。反対に, 優しく鳴いて愛情表現する虫もいる。見つからないように擬態しているところを見つけたときには, 子どもと一緒にかくれんぼをしているときのように感じる。

写真3.2　野原の中の昆虫　左：初級編（ショウリョウバッタ），右：上級編（カマキリ）

　大人になると苦手と感じることが多い虫も子どもにとって身近な興味深い不思議な地球の動物の仲間であり，大切な存在である。どんな動物に対しても「怖い」「嫌い」「汚い」などの悪い印象を与える言葉を使わず，子どもの好奇心を認め，多少無理してでも笑顔で「可愛いね」「何をしているのかな」と子どもと語り合ってほしい。幼児期の子どもは自分の経験をもとに他の生物を理解するという段階にあるため，感情移入をして動物とかかわることが重要である。虫が苦手な人も写真3.2のなかに写っている昆虫がどこにいるか見つけて，動物の思いを想像してみよう。

　動物を飼育しているとその死に向かい合うときもある。多くの飼育動物は人間よりも寿命が短いため，誕生から死までのライフサイクルにかかわる経験ができる。飼育動物が死んだとき，子どもにどのように説明すれば良いのか，死んだ動物にどのように対応したら良いのか，難しいと感じることもあるかもしれない。子どもに対しては，その死を隠すのではなく，生命があるものには必ず死があり，だから生命は尊いということを丁寧に説明することが重要である。そして，子どもにかかわってくれた動物に感謝し，「土に埋めてお墓をつくる」「お葬式を行う」など，子どもが死に向き合える環境を整える。動物に対するこうした活動には賛否両論があり，行動自体が儀式的になり，生命を考える機会を失う可能性を危惧し反対する意見もある。しかし，近年のICT技術の劇的な進化に伴い，大人だけでなく子どもの生活場面も変化している。VR（仮想現実）

やスマートフォン上でのゲームなどの映像のなかでは，死んだ動物は生き返ることがあるため，現実の死を認識できない子どもも少なからずいる。だからこそ，幼児期に愛情をもって飼育動物に直接かかわり，誕生と死を目の当たりにする子どもの感情を揺さぶる体験は心の発達に重要であり，いずれは生物を含む自然環境への理解につながる。どのように死に向き合うか，向き合い方の内容が問われている。

■第3節■ 体験を通して生物多様性を知る

(1) 生物多様性とは何か

これまで紹介した子どもの身近な動物は地球上ではごく一部の生物である。現実には自然（野生）には多くの種類の生物が共に関係し合って生きている。約40億年という長い地球の歴史のなかで，地球上の生物はさまざまな環境に適応して進化し，3,000万種ともいわれる多様な生物が誕生してきた。生物多様性とは，様々な生物が異なる環境で自分たちが生きるための適した場所を見つけ，互いの違いを活かしながら，つながり調和していることであり，生物多様性を単に種の数の多さであると誤解してはいけない。1993年に国際条約として発行された生物多様性条約では，生態系の多様性，種の多様性，遺伝子の多様性という3つのレベルで多様性があるとしている。

さまざまな植物，動物，微生物などの生物と，生物が暮らす森林・里地里山・河川・湿原・干潟などの環境すべてを含んだものが生態系である。里山という生態系で生長した一本の木が花や実をつけ，その花や実は昆虫などの動物の食物となり，そして葉は枯れて地面に落ちる。落ちたものはある動物の食物になり，その動物のフンがまた木の栄養となる。一本の木は孤立しているのではなく，木が切られてしまったり枯れてしまったりすると，その木とともに生息していた他の動植物も，生きていけなくなる。たった一本の木であってもその木に関係し生きている生物は多い。

多様な生物が生息する生態系のなかで，喰う，喰われるといった関係を描いた絵が生態系ピラミッドである（図3.2）。ピラミッドの一番上の頂点には肉食

高次生産者
（肉食動物・雑食動物）

生産者（植物）
一次消費者（植食動物）

土壌・
分解者（土壌生物）

図3.2　子どもの身近な動物と生態系ピラミッド

動物がいて，その下には雑食動物が描かれる。雑食動物の下には純粋な植食動物（草食動物）が描かれている。そして，その下には生産者としての植物が存在する。生態系ピラミッドの絵に示されるように，頂点に行くほど種の数だけでなく，1つの種の個体数も少なくなる。反対に底辺に行くほどそれらの数は多くなる。陸地の生態系を例にしてみよう。陸地の生態系におけるピラミッドの底辺には土壌がある。その土壌には砂や粘土などの無機物だけではなく，有機物や土壌生物などが豊富に含まれており，植物の根は土壌生物が生成した窒素やリン，カリウムなどの栄養分を吸い上げ，植物は生長する。その植物を食べて生きる動物，さらにはそれらの動物を捕食する動物が存在して，ひとつの生態系が成り立っている。生態系とは，生物だけからなるわけではない。

(2) 生態系を学ぶ園庭ビオトープ

　ビオトープとは，ギリシャ語の「bios（生物，命）」と「topos（場所）」を合成したドイツ語であり，野生の生物が暮らせる場所を意味する。ビオトープは，自然の状態のなかで多様な動植物が生息する環境の最小単位であるが，人間が生

活している空間にあり，人間がつくった生物の多様性を感じることができる自然区域という認識が一般的である。様々な植物で緑化された屋上庭園や多様な生物が生息している池，田んぼ，畑などもビオトープのひとつである。保育では自然との関わりを重視してきたこともあり，敷地内や近隣の場所に園庭ビオトープなどをつくる保育施設は年々増加しており，そうした園の子どもたちは園での生活のなかで多様な生物の存在に触れることができる。ただビオトープをつくればよいということではなく，子どもたちが日常的にビオトープという環境のなかで遊び，生活し，五感を使いながらそこに生息する生物に直接かかわることが大切である。園庭が小さくビオトープをつくることができない，園が都市部にあるため自然が少ないといった理由で子どもたちは生物とかかわる体験がほとんどできないと感じることもある。決して大きく豊かな自然がなければいけないということではない。植木鉢やプランターなどに土をいれてベランダなどに置いておくだけでも自然と野草が生えてくる。そしてその野草に虫や鳥がくることで，小さなビオトープができる。都市部であっても植物が全くない，生物は人間だけであるということはない。鳥や虫，小さな動物がいる。小さな動物を探してみようと意識するだけで，発見できることがたくさんある。

　子どもたちと保育者，そして保護者や地域の関係者，保育者を目指す学生などが手伝って完成させた幼稚園での園庭ビオトープ（池づくり）を紹介する。いずれも，子どもが動物に感情移入し，動物が暮らすための環境として何が必要かを主体的に考え，適した生息環境を求めてビオトープをつくり，小さな生態系を園庭につくり出した事例である。

事例1　大阪府富田林市立喜志幼稚園

　ビオトープをつくるきっかけとなったのは4歳児が保育室での飼育ケースで飼っていたオタマジャクシの存在である。カエルになることを楽しみにしていたが，なかなかカエルへと成長しないことを子どもたちが不思議に思い，その原因を担任の先生と考え始めた。子どもたちは成長には食べものがたくさんあって住みやすい広い住処が必要だと答えを導き出し，園長先生や担任の先生に説明し，子どもたち自身で園庭に穴を掘り，池をつくり始めた。子どもたち

写真3.3　喜志幼稚園の池づくりと完成後の池の様子

が園庭につくった池は小さかったので，すべてのオタマジャクシが生きること
はできないと子どもたちは心配し，さらに大きな池をつくりたいと考え始めた。
園長を含む先生たちが子どもたちの気持ちを叶えようと，周囲の協力を得て本
格的な池づくりが始まった。完成した池では，アメンボがはじめにやってきて，
その後メダカやオタマジャクシ，ヤゴなどが次々と暮らしはじめるようになっ
た。子どもたちは毎日のように，動物たちは元気か，水はなくなっていないか
と池に行く。自分たちがつくった池に人間が連れてきたわけではない動物が自
然とやってきてくれる体験をできることがビオトープづくりの意義である。

　この池づくりの始まりから完成の話を聞いた学生が絵本を作成してくれた。
園児自身も池づくりや池に住む動物や植物を描いたりするが，子どもの一連の
活動を絵本にまとめることで，子どもたちの活動記録を鮮明に残すことができ

写真3.4　喜志幼稚園の池づくりの絵本（左）と園児が描いた池の生物たち（右）

た。本に文字や絵を書こうとすると落書きしてはいけないと怒られるが，あえて子どもが池にいる生物を描いて残せるように，特別なページを絵本のなかにつくった。園児はそのページに園の大きな池で出会ったたくさんの動物を描いている（写真3.4）。

事例2 大阪府富田林市立富田林幼稚園

　この園で池づくりを行うきっかけとなったのは，もともと幼稚園にあったコンクリートでできたひょうたん池という呼び名の池での子どもたちとヤゴとの出会いであった。池に水の循環機能がないため，すぐに水が濁ってしまうことから園の先生たちが定期的に池の水の入れ替えを行っていた。ある日，先生と子どもたちが池の水を汲み出すと20匹ほどのヤゴがいることを発見した。その後，保育室前の飼育ケースで飼っていたヤゴは孵化してトンボへと成長したが，池のヤゴは数匹死んでしまったことから，子どもたちがヤゴを守ってトンボにしてあげたいと考え，救出作戦が始まった。改修前のひょうたん池はコンクリートで覆われており，日当たりがよい場所にあった。温度が下がらないことは悪いことだけではないが，水温が上昇し過ぎてしまうことによってヤゴが死んでいると考え，池に日かげをつくるために身近にある傘などを利用し工夫して日陰づくりを試みた。しかし，対策後も水は濁り，ヤゴが住みやすい環境として

写真3.5　富田林幼稚園の池づくりから完成までの池の様子

は問題があるという子どもの思いを受け，園庭の別の場所に新たに大きな池を
つくることになった。

　完成した池には，地域の里山の管理者から説明を受け里山から採らせていた
だいたメダカを放流した。メダカが流れに逆らって泳ぐことを聞き，水が流れ
る小川もつくったところ，その小川をメダカが泳いでいる姿を発見し子どもも
喜んだ。また，メダカなどの動物が暮らしやすいようにするために同じ地域の
里山で採集した野草も植えた。園庭にいたヤゴを助けようとしたことから始
まった池づくりであるが，現在はカエルや昆虫，鳥などの生物の大切な生活場
所として機能している。やってくる動物を見つけて，子どもたちは地域でくら
す仲間として動物と毎日のように交流している。

■第4節■ 生態系を意識した幼児期の環境教育■-■-■-■-■-■-■-■-■

(1) 絶滅する生物，生息地を追われる生物

　ひな祭りの日である3月3日は，「世界野生生物の日（World Wildlife Day）」で
もある。環境保全上だけでなく経済的，文化的にも重要な野生動植物の保護の
取組を強化することを目的として，国際連合（国連）が2013年に定めた。絶滅の
恐れのある野生動植物を絶滅から守るためのワシントン条約が1973年3月3日
に採択されたことを記念してつくられた日である。

　地球上では約40億年といわれる生命の歴史のなかで5回の大絶滅が起きたと
されているが，現在は人間の手によって6回目の大絶滅が起きようとしている
と考える科学者が増えている。そして，その絶滅のスピードはどんどん速まっ
ているとされる。恐竜が絶滅した白亜紀後期（約6500万年前）の時代には，1000
年の間に1種類の生物が絶滅したと考えられている。200～300年前には4年で1
種，100年前には1年で1種のペースで絶滅していたことが推測されているが，
今では1年間に4万種以上の生物が絶滅しているといわれている。

　地球から絶滅しそうな野生動物を「絶滅危惧種」と呼ぶ。国際自然保護連合
（IUCN）が出しているレッドリストによると，ほ乳類の27％，両生類の41％が
絶滅危惧種として報告されている[1]。また，近い将来「絶滅危惧種」になると予

想される生物は，種によって異なるが現代の半数あるいはそれ以上になると推測されている。人間が今のままの生活を続けていると，そう遠くない未来に地球上から，ほとんどの生物が絶滅してしまうかもしれない。かつての恐竜が絶滅したように，生物は絶滅すると，二度と地球上に戻ることができないことは想像できる。また，それぞれの生物は密接に関わり合いながら生存しているため，ある生物が絶滅することで生態系のバランスがくずれ，自然環境全体に大きな影響を与えてしまうことにもなる。

現代の絶滅の原因は，地球温暖化や海の汚染など自然環境が破壊されて生物の生息地が奪われてしまうことがあげられる。生息地を奪われた生物は新たな生息地を求めて移動するであろう。しかし，移動する能力は種によって差がある。たとえば，動物は簡単に移動できても植物はすぐには移動できない。地球温暖化で生物の移動が起こるだけで，生態系の構成は大きく崩れてしまう可能性がある。

人間が生物の絶滅を防ぐためにできることは，生物の生存をおびやかす原因を特定して，その原因を取り除き，環境を改善することで数を増やし，生息域内で野生環境を保護することである。また，保護センターや動物園など，生息域外で直接保護する方法もある。動物園や水族館を訪れることで，ただ動物を見るだけでなく，絶滅する動物がいることやその保護の重要性について知る機会とするべきである。いずれにしても，自然保護は簡単にできるものではない。

(2) 今後の自然環境に向き合う

幼児期の環境教育では著名な書である『センス・オブ・ワンダー』の著者であるレイチェル・カーソン（Carson, R.）は，海洋生物学の専門家である。名著『沈黙の春』にて，化学物質の蓄積による生態系の破壊について警鐘を鳴らしたことでも有名である。現代も人間の活動で生じた大気汚染，水質汚濁など深刻な環境問題が懸念され続けている。とくに人間の活動により自然環境に排出された二酸化炭素などの温室効果ガスによる地球温暖化は，近年の気候変動問題を深刻化している。さらにマイクロプラスチックは海を住処とする生物にとって

は重大な問題となっているだけでなく，すでに人間も食物網を通して多くのマイクロプラスチックを体内に取り入れているかもしれない。

　異常気象，海面上昇，干ばつ，洪水などが世界中で多発し，野生生物へも大きな影響を及ぼしている。対策を取らなければ今発生している環境問題よりもさらに深刻な問題が今後発生するといわれている。地球上に存在している大気，水，酸素，炭素といった物質はバランスを保ち循環している。これらのバランスや循環を崩さないように人間は活動を行わなければならないが，すでに崩れ始めている。私たち人間は自然環境に存在している物質を利用して生きている。人工的につくられたものであっても原料やつくる工程で利用している。食を例に考えると，私たちが口から取り入れる食物はほとんどが他の生物の命である。同じ生態系ピラミッドの中の生物の命を直接的・間接的に食物としていただくことで人間は生かされている。食だけでなく，私たちの体から排出するものも細菌が分解してくれる。このように人間は生態系の中にいて，他の生物なしには生きられない。生態系ピラミッドでは上の方に描かれる人間の数（人口）は今後も増え続けることが予測されており，ますます生態系のバランスは崩れるかもしれない。だからこそ，幼児期から開始する生態系を意識した環境教育の必要性が増している。持続可能な社会とは，現代を生きている私たちだけでなく，将来の世代も安全に平和に豊かに平等に生きることができる社会である。生命40億年の歴史のなかで進化し，多様な生物からなる地球の生態系を維持することは持続可能な社会の形成のためには必要不可欠であり，幼児期から自分が毎日生活している地域の生態系を知り，守ることを意識していくことで未来を生きる子どもの豊かな環境観の育みにつながると考えられる。保育は子どもが動物とかかわることで子どもの豊かな人間性が育つと考え，園庭の生物と遊んだり，飼育活動をしたりしてきたが，生態系の学びのためには，そうした古典的な活動を以前からあるねらいのままで実践していても不十分であり，子どもが生きる未来がどうあるべきかを考えて，新たなねらいのもとで新たな実践を考えていかねばならない時代にいるのである。

本章の課題　学校の校庭や保育施設の園庭，近くの公園や田んぼなどには多くの生物が生きている。場所を決めて，その場所にいる身近な生物を探し，見つけた生物の特徴を図鑑などを用いて調べ，生物カードをつくってみよう。さらに，作成した生物カードを用いて，調べた場所のオリジナルの生態系ピラミッドをつくってみよう。

注

1) IUCNレッドリストや環境省生物情報収集・提供システム生きものログなどの紹介サイトにて，最新の情報を確認することを薦める。

参考文献

井上美智子・無藤隆・神田浩行編著 (2010)『むすんでみよう―子どもと自然 (保育現場での環境教育実践ガイド)』北大路書房

ゲイル・F．メルスン／横山章光・加藤謙介監訳 (2007)『動物と子どもの関係学―発達心理からみた動物の意味』ビイング・ネット・プレス

財団法人日本生態系協会編著 (2008)『学校・園庭ビオトープ―考え方 つくり方 使い方』講談社

中川美穂子 (1988)『動物と子ども　園での飼い方・育て方』フレーベル館

本川達雄 (1992)『ゾウの時間ネズミの時間』〈中公新書〉中央公論新社

レイチェル・カーソン／青樹簗一訳 (1974)『沈黙の春』新潮社

レイチェル・カーソン／上遠恵子訳 (1996)『センス・オブ・ワンダー』新潮社

第1節 食べること，生きることと，地球環境のつながり

　ESDでは，「他人，社会，自然環境との関係性を認識し，かかわり，つながり
を尊重できる個人を育むこと」が求められている[1]。食という観点からいえば，
このようなESDの教育目標は，人が生存していくうえで欠かすことのできない
条件でもある。

　人は食べつづけることによってしか，生きていけない。言い換えれば，人は
食べることを通して，体の外部にある環境を内部に取り込み，それによって，
つねに体を再構成しつづけなければならない。たとえば，脳を構成する物質は，
1カ月で約40％，約1年ですべて入れ替わる。骨の場合は，幼児期では1年半，
成人では2年半，皮膚であれば，約1カ月でまったく新しい物質に入れ替わると
いわれている。つまり，私たちの体は，外部との継続的な「つながり」のなかで
維持されている。

　しかし，ここでいう「外部」とは自然だけではない。人が食べものを獲得する
ためには，他人や社会とのつながりが不可欠である。現代において，自分ひと
りの力だけで自然と向き合い，日々の食料を得ている人は，ほとんどいないだ
ろう。そのことは，他人，社会，自然との「つながり」に亀裂が入れば，私たち
の存在自体が危ぶまれることを意味する。乳幼児の例でいえば，子どもたちは，
他者（主に大人）との「つながり」のなかでしか，食べものを獲得できない。虐
待などによって，適切な他者との「つながり」を断たれた子どもたちは，食べも
のを十分に得られず，場合によっては死に至ることもある。また，「胎児性水俣
病」や，カネミ油症事件の被害者である「コーラ・ベイビー」のように，食べも
のの生産から消費までの間のどこかで生じた不適切な「つながり」は，子ども
たちに一生癒えることのない傷を負わせてしまうこともある[2]。

　現代社会の問題は，このような食べることに付随する「他人，社会，自然環境
との関係性」が見えにくく，実感しづらいことにある。そのため，幼児期におけ

るESDとしての食育の課題は，第一に，保育者が現代社会の問題を把握し，食育の重要性を理解すること，第二に，食べものを通して，子どもたちに持続可能な社会の構築を実現するための基礎を養う保育を提供することにある。

▰第2節▰「ふつう」の食育とESD

　現時点において，ESDを意識した保育を行っている園や保育者は，必ずしも多いとはいえない。しかし，園庭で野菜を育てたり，近隣の農園で農作業体験を行ったりといった保育は，比較的よく行われている。このような「ふつう」の食育には，それとは意識されていなくても，ESDの理念と共通する要素が多く含まれている。

　たいていの食べものは，元をたどれば自然へとつながっていく。しかし，現代の食生活は，自然と食べものの関係を実感しにくくしている。餃子を例にとってみよう。人が餃子を食べるためには，どのような過程が必要かを考えてみてほしい。「ひき肉とニラで餃子のアンをつくり，それを皮で包む」ところから考える人もいるだろう。「冷凍餃子を買ってきて，電子レンジで温める」というもっと手軽な方法を考える人もいるかもしれない。それに対して，かつてのように自給自足に近い食生活を考えてみれば，まず肉を手に入れるためには，動物を育てるか，捕まえるかして，殺すところから考えなくてはならない。そのためには，どこに行けば動物が捕まえられるか，どのようにすれば動物を育てられるかなどの知識や経験が必要になる。餃子の皮にしても，小麦を育て，収穫するところから始めなくてはならない。自給自足に近い生活を営んでいる社会では，人は食べものを通して，自然に生かされていること，自然環境が維持されなければ，自身も存続できないことを容易に実感することができる（図4.1）。

図4.1　自給自足の食生活（イメージ）

　しかし，現代では，多くの

図4.2　現代の食生活（イメージ）

人は，誰かが生産し，誰かが運び，誰かが調理した食べものを食べている（図4.2）。それはお金さえ払えば，多種多様な食べものを，手間暇かけることなく食べられる便利な社会である反面，食べものが自然や人のつながりのなかで得られるものであることを実感しづらい社会でもある。先の餃子の例でいえば，冷凍餃子は，その餃子をつくる過程に含まれている自然や他者とのつながりをほとんど実感することなく，食べることができる。

　このような社会で育つ子どもたちは，食べものに関する知識や経験が不足しがちである。筆者の知り合いの保育士から聞いた話だが，保育所や幼稚園でイチゴ狩りに行く前に，子どもたちに，イチゴがなっているところを想像して絵を描いてもらった。保育士は，木になっているイチゴの絵を予想していたのだが，実際に子どもたちに絵を描いてもらったところ，そうした絵を描く子どもたちに交じって，地面から緑のヘタを下にして，イチゴが突き出ている絵を描いた子どもがいた。子どもたちだけではない。子どもの保護者のなかにも，魚が「切り身」や「開き」の状態で泳いでいると思っている人がいると聞く。しかし，多くの人が食べものを「食べる」直前でしか経験していないとすれば，そのような事態は特段驚くべきことではないのかもしれない。

　現代社会における食生活のあり方を念頭におけば，栽培体験という「ふつう」の保育がもつ重要性が理解できるだろう。野菜を育てるためには，土，水，太陽，虫など，自然とのかかわりが不可欠である。「身土不二」という言葉があるが，

食べものが，その土地土地の自然環境から生み出されていることを考えれば，自ずと「私」と「自然」は切り離すことのできない関係にあることがわかる。栽培体験は，そのことを「言葉」ではなく，「体験」を通して，子どもたちに伝えることができる。また，園によっては，農業や漁業などの現場を体験する活動も行われている（次節参照）。このような活動において，子どもたちは，私たちの食生活が，自然だけでなく，人々のつながりのなかで，維持されていることを実感できる。

　栽培体験や現場見学は，主に3歳以上児を中心に実施されることが多いが，未満児においてもESDの理念と「ふつう」の保育は密接な関係にある。それを理解するためのキーワードは「味覚」である。

　生物学者の福岡伸一によれば，「環境にあるすべての分子は私たち生命体の中を通り抜け，また環境へと戻る大循環の流れの中に」ある。この大循環の中心にあるのは，食べものである。私たちは，食べものとして外部から物質を体の内部に取り込み，排泄物や自らの死によって，再び外部へと物質を送り返す。このような関係性を考えれば，私たちは地球レベルの大循環を乱すような不自然な食べものを選択すべきではない。味覚は，私たちが自身の健康のみならず，地球環境に配慮した食生活を選択していくための重要な要素となる。

　福岡によれば，生物のもつ感覚は，微弱な刺激に対しては微弱な反応しか示さないが，刺激がある一定のレベル（閾値）を超えると鋭敏に反応し，一定の限度を超えると再び反応が鈍くなる性質をもっている。感覚は遺伝的に決定される要素もあるが，学習によっても変化する。たとえば，幼いころから，化学調味料をベースとした「濃い味」になれてしまった子どもは，「薄い味」に対する感覚が鈍くなり，その後の人生でも，自身の身体と地球環境に負荷をかけるような食生活を選択する可能性が高くなる。逆に，ごく幼いうちから，適切な味覚を培うことは，イタリアのスローフード運動にみられるように，「おいしいもの」を食べながら，地域の自然環境を守っていく活動を担う人材の育成につながっていく。環境保護というと何かを我慢することを想像する人も多いが，適切な味覚を養うことは，「おいしいもの」を食べるという欲求の実現と，自然環境を

守るという行動を矛盾なく結びつけることに役立つ。

　このように，保育の現場ですでに実践されている「ふつう」の食育には，ESD
の理念を実現するためのさまざまな可能性が秘められている。

■第3節■ 保育における食を中心としたESDの実践例 ■-■-■-■-■-■-■

　この節では，実際に行われている保育実践を例に，食育とESDの関係をより
具体的に提示していきたい。まず，筆者が2016年から2年ほど保育を継続的に
見学した気仙沼市の幼稚園の保育実践例を紹介する。

　気仙沼市は，市全体でESDの理念を取り入れた教育に取り組んできた自治体
として知られている。ここで紹介する「海の幼稚園」と「山の幼稚園」（いずれも
仮称）は，こうした行政的環境のなかで，ユネスコスクールに登録し，ESDを掲
げた保育を行ってきた[3]。しかし，同じ気仙沼市といっても，「海の幼稚園」のあ
る唐桑地域と，「山の幼稚園」のある本吉地域では，自然環境も，地域の歴史や
文化も異なっている。両園のESDには，そのような園をとりまく環境の違いが
反映されている。

　「海の幼稚園」は，「海」という地域の学習環境を取り入れたESDを実践して
いた。子どもたちは，日常的に，浜辺で，海の生き物や船，石，貝殻，波などに
触れる体験を行っていた。また，地元の漁業組合の協力を経て，水産物加工出
荷センターの見学なども行われていた。そこでは，子どもたちは，ホタテ釣り
などの体験を楽しみながら，海の海産物や漁業について，地元の漁師から説明
を受けていた。このような園外の体験活動は，園内の保育のなかにも活かされ
ていた。筆者が見学した際，3歳児の子どもたちは，自分たちでコスチュームを
作成して，思い思いの海の生き物に変身していた。この活動は，この後，運動会
での発表へと発展していくことになる。4歳児クラスでは，ウニやホタテなど，
海で見た生き物を作成し，唐桑の海を再現していた（写真4.1）。5歳児クラスで
は，見学した水産物加工出荷センターを再現し，子どもたちが，漁港の職員に
なりきって，魚を出荷する遊びを行っていた。保育が展開するにつれて，4歳児
がつくったホタテを5歳児が出荷するという遊びの発展もみられた。

写真4.1　4歳児クラスで作成　写真4.2　夏祭りでのジャガイモの販売
した「唐桑の海の再現」

　いっぽう,「山の幼稚園」でのESDは, 園内での野菜栽培と, 近隣住民から「干し柿づくり」や「そば打ち」などを教わる活動を中心に行われていた。「山の幼稚園」の活動の特徴は, 食べものを中心に, 子どもたちと地域の人々のつながりが育まれていることにある。「干し柿づくり」や「そば打ち」体験は, このような特徴が見えやすい活動だが, 園内の野菜栽培もまた, 子どもたちと地域とのつながりを育むことに役立てられていた。たとえば, 卒園児, 保護者, 地域住民も参加して行われる園の夏祭りでは, 園庭で栽培されたジャガイモに, 子どもたちが顔をつけて, 販売していた(写真4.2)。また, 秋に行われる「焼き芋会」では, 近隣の高齢者施設の入居者を呼んで, 園庭で収穫した焼き芋を一緒に食べる行事を行っていた。園庭で栽培された野菜は, 子どもたちだけの活動に使用することもできるが, あえて地域の人々との交流に活用してる点に, ESDの理念をみることができる。

　両園の活動には, 未満児は含まれていない。未満児から以上児までの食育としては, 映画『いただきます—みそをつくる子どもたち』で広く知られるようになった福岡市の高取保育園の取り組みがある。この園では, 玄米, みそ汁, 旬の惣菜など伝統的な和食中心の保育に取り組みはじめた。その結果, 給食の食べ残しはほとんどみられなくなり, 子どものアレルギーやアトピー症状の改善もみられた。伝統食は, それぞれの地域の自然環境のなかで育まれてきた食文

化であり，長い時間をかけて，私たちの体をDNAレベルで地域の自然環境に適するようにつくり上げてきたと考えられる。だからこそ，高取保育園の子どもたちには，アレルギーやアトピー症状の改善がみられたのではないだろうか。もちろん，すべての伝統食が現代の子どもたちの健康によいとは限らない。多くの人々が農業などの肉体労働に従事していた時代には，塩分を多く含んだ食べものが必要とされていたが，そのような労働が減少した現代においては，同じ食べものが人々の健康を害してしまうこともありえる。どんな伝統食をどのように保育に取り入れるかは，保育計画を立てるうえで配慮すべき事柄であるが，伝統食が私たちの身体と，自然，社会のつながりを回復するうえで大きな可能性をもっていることに変わりはない。

第4節 室内遊びを通した食育の教材案

　前節でみてきたように食育は，遠足などのイベント型ではなく，日々の保育のなかに組み込まれているほうが望ましい。ジャガイモの栽培体験を例にとれば，土づくりから始めて，春先に種芋を植え，芽が出て，花が咲くのを観察し，夏ごろに枯れはじめたところで，収穫を行うという一連の体験と，収穫だけの体験では，体験の質も量もまったく異なる。一連の栽培体験では，たとえうまく栽培できなかったとしても，そこから学びを深めることができる。うまくいかなかった原因を考えることで，水や太陽，土などの自然環境の大切さを知ることができる。また，うまくいかなかった体験は，子どもたちに自然がいつも自分たちの思いどおりになるとは限らないことを教えてくれる。

　しかし，とくに都心部の保育施設を中心に，近隣の自然環境が限られているといった立地の問題や，園庭が十分に取れないなどの設備的な限界のために，活動が制限されてしまうところもある。このような条件下でも行える活動として，プランターを利用した野菜栽培やバケツでの水稲栽培などがあるが，こうした活動は比較的よく知られているので，この節では，少し視点を変えて，筆者が大学のゼミの学生たちと検討してきた室内遊びの教材案を紹介したい。

(1) 野菜と花の絵合わせ

野菜も植物であり，それぞれにきれいな花をつける。しかし，スーパーなどで売られている野菜しか見たことのない子どもたちは，野菜が花をつけること自体，知らないことが多い。そのような知識や体験の不足を補うためのゲームが，「野菜と花の絵合わせ」である。

ルールは，トランプの「神経衰弱」と同様である。まず，さまざまな「野菜」が書いてあるカードと，さまざまな「野菜の花」が書

写真4.3　「野菜と花の絵合わせ」カード

いてあるカードを用意する（写真4.3）。ゲームでは，裏返しにしたカードを順番にめくっていき，適切な「野菜」と「花」を合わせて，取っていく。子どもがゲームに慣れないうちは，「野菜」カードと，「花」カードを置く場所を分けて，それぞれの場所から1枚ずつカードをめくってもらってもよい。

また，カードをめくったり，カードの位置を記憶したりすることがむずかしい年齢の子どもには，両面に「野菜」と「花」を描いたカードを作成し，ヒモをつけて，吊り下げておく。この教材は，両面に「野菜」と「花」が描かれているカードをひっくり返してみることを通して，子どもたちに，野菜の「花」に親しみをもってもらうことをねらいとしている。

(2) 季節の野菜バスケット

本来，野菜には旬がある。しかし，生産・保存技術が発展した現代では，多くの野菜は季節を問わず食べられるため，さまざまな野菜の旬を実感する機会は少なくなっている。「季節の野菜バスケット」と，その次に紹介する「野菜収穫ゲーム」は，このような生活環境にある子どもたちに野菜の旬を知ってもらう

ことを目的としている。

「季節の野菜バスケット」は，いわゆる「フルーツ・バスケット」を改良した室内遊びである。まず，保育者は，春（キャベツ，タケノコ），夏（キュウリ，ナス），秋（サツマイモ，シイタケ），冬（ハクサイ，ホウレンソウ）といったように，四季折々の旬の野菜を何種類か考える。つぎに，ゲームを円滑に行うための工夫として，子どもの人数分，首からかけるメダルを用意する。メダルには，野菜の絵や文字を書いておき，首からかけるヒモは季節ごとに色分けしておく。そのうえで，子どもの人数より1つ少ない椅子を，内側を向けて円形に並べ，フルーツ・バスケットの要領でゲームを始める。

ゲームの際は，はじめに，子どもたちにメダルを渡して，自分の野菜と季節を確認してもらう。そのうえで，子どもたちに「野菜」「全体を動かすかけ声（季節の野菜バスケット！）」のほかに，「季節のかけ声（「夏」であれば，「キュウリ」と「ナス」のメダルを持っていた子どもたちが席を移動する）」があることを伝える。最初は，フルーツ・バスケットと同様，野菜名と，全体を動かすかけ声のみでゲームをやってみて，子どもたちが十分にゲームを理解していることを確認したあとに，「季節」というルールを加えてもよい。ゲームをするなかで，自分の野菜や季節を忘れてしまった子どもや，間違って席を移動している子どもがいれば，保育者は，自分がかけているメダルやヒモの色を確認するよう，うながす。ゲームの途中で，子どもたち同士でメダルを交換するなどして，より多くの野菜と旬を覚えてもらうなどの工夫も考えられる。

(3) 野菜収穫ゲーム

「野菜収穫ゲーム」は，「七・五・三」や「豚のしっぽ」と呼ばれるトランプゲームを応用した遊びである。まず，保育者は，さまざまな野菜を描いたカードを用意する。それらを裏返しにして，円を描くように並べ，いずれかの季節（春，夏，秋，冬）を選択する。その後，子どもたちは，円形に並べられたカードの山から好きなカードを1枚引いて，円の中心に野菜が描かれた面が表になるようにして重ねていく。あらかじめ決めていた季節の野菜カードが出たら，すばや

く手をカードの上に乗せる。一番早くカードに触れた子どもが, 場に重なっているカードをすべてもらえる。ただし, 間違った野菜カード（事前に決めていた季節とは異なる野菜のカード）を触ってしまった場合は, 自分がもっているカードをすべて場に返さなくてはならない。これをくり返し, めくるカードがなくなった時点で, 獲得したカードの枚数を競う。

　子どもたちが旬の野菜を十分に理解していないうちは, 模造紙などに旬の野菜を書いて, ゲーム中に確認できるようにしておくなどの工夫が必要である（写真4.4）。また, ゲームをおもしろくするためには, 同じ野菜カードを複数枚, 用意するなどして, カードの総数を増やしておく必要がある。筆者が学生たちとこのゲームを作成した際には,「虫」カード（どの季節にも当てはまらない, お手つき用のカード）をつくって枚数を確保した。

　これらの室内遊びは, 子どもたちの経験や知識の不足を補うための補助的な

写真4.4　旬の野菜の掲示例

役割をもつ。園の環境によって保育が制限される場合や，体験型保育の導入として，このような室内遊びを活用することができる。

第5節 ESDから食育を，食育からESDを捉え直す意義

　これまで述べてきたように，保育のなかで「ふつう」に行われている食育には，ESDの理念と共鳴する部分が多く含まれている。それでは，あえて食育をESDとして捉え直す意義はどこにあるのだろうか。

　食育は，個人の健康の増進を目的として行われることが多い。しかし，人が生きるうえで基本となる食の問題には，それにとどまることのない，多岐にわたる内容が含まれている。ESDとして食育を捉え直すことは，さまざまな社会的課題と食を結びつけた保育の構想を可能にする。第3節で紹介した気仙沼市では，ESDという共通の理念のもとに，保育施設，幼稚園・小学校といった異校種間で，情報交換や組織間の連携が図られていた。このようなESDを通した人々のつながりは，たとえば，食を通した異文化理解，防災と食（非常食）などのように，本来，食育がもっている可能性を多方面に開花させることにつながる。

　それとは逆に，食育からESDを捉え直すことにも意義がある。食という観点からすれば，本章の冒頭でみたような「他人，社会，自然環境との関係性を認識し，かかわり，つながりを尊重できる個人を育む」というESDの教育観は，個人と外部の環境との関係を適切に言い表しているとはいえない。「食べる」という行為において，環境（外部）と個人（内部）の境界はそれほど明確なものではなく，外部とのつながりを断たれた個人は生存すら危ぶまれる。その意味において，外部とのつながりは，個人が生きていくために「尊重し続けなければならない」事柄である。多くの人々が，日々，食事をしているにもかかわらず，このような環境とのつながりを認識できないとすれば，その背景には社会の仕組みの問題がある。ふだん，私たちは多くの食べものを，お金を払って手に入れている。食べものを買うことに慣れてしまっている私たちは，食べものを，自然や他者とのつながりにおいて認識するというより，お金の問題として認識し

がちである。つまり，食べものに関していえば，「他人，社会，自然環境との関係性」に対する認識や尊重の念の不足は，子どもたち個々の問題というより社会のあり方の問題である。したがって，「自然を大切にしなければ，ご飯が食べられなくなる」というような，子どもたちの恐怖心や義務感に訴えるやり方は避けるべきである。このような方法は，子どもたちに，「自然恐怖症（エコ・フォビア）」を刷り込んでしまう危険性があるだけでなく[4]，自然や他者とのつながりを実感しづらい社会をつくり出している大人たちの責任をなすりつけてしまうことになる。

　子どもたちに何かを教え込むのではなく，子どもたち自身が，おいしい食べものを食べたり，つくったりする経験を通して，自然や他人と共感する場をつくり出していく。このような保育のあり方は，ESD の根幹には，「命」という存在レベルのつながりがあること，ESD は大人にとって都合のよい価値観や知識を子どもたちに教える場ではないことを思い起こさせてくれる。

本章の課題　以下の2つの視点から，子どもたちに食べものを通して，「他人，社会，自然環境との関係性」を考えて（感じて）もらうための保育を考えてみよう。
①近隣の畑や田んぼ，海や山などの環境を利用して。どのようなことをねらいとして，どのような活動を行ってみたいか話し合ってみよう。
②園庭，園内での遊びを通して。本章およびほかの保育雑誌などで紹介されている食育ゲームで遊んでみよう。そのうえで，自分たちなりの工夫，アレンジを加えた食育ゲームを考案してみよう。

注
1) 文部科学省『ユネスコスクールガイドラインについて』https://www.mext.go.jp/unesco/004/1339991.htm など参照。
2) 胎児性水俣病は，有機水銀に汚染された魚介類を食べた母親の胎盤を介して，胎児が有毒物質を取り込んでしまったことが原因とされる。また，コーラ・ベイビーは，肌の色がコーラ飲料のように黒いことから名づけられた。この子どもたちも，ダイオキシンに汚染されたサラダ油を摂取した母親を介して，汚染物質を体内に取り込み，生涯にわたって，頭痛，脱力感，手足のしびれ，目やにの過多などさまざまな症状に苦しむことになった。このような公害被害は，子どもたちだけでなく，妊娠中に汚染物質を摂取してしまった母親や，その家族にも大きな精神的，身体的負担を与えてしまう。
3) なお，2023年度時点において「山の幼稚園」は，少子化などの理由から休園中である。
4) 「自然恐怖症（エコ・フォビア）」とは，自然体験の不足など，十分な備えがない子どもたちに，環境問題の重大さや危険性を教えることで，かえって子どもたちが環境問題について考えることを避けるようになってしまうことをさす。なお，エコ・フォビアの危険性を指摘した環境教育学者のデービット・ソベルは，4～7歳までは「共感」ステップ（仲間になる動物を探す，鳥になるなど）

が重要であると述べている。

参考文献

カルロ・ペトリーニ／石田雅芳訳 (2009)『スローフードの奇跡—おいしい，きれい，ただしい』三修社

デービット・ソベル／岸由二訳 (2009)『足もとの自然から始めよう』日経BP

福岡伸一 (2006)『ロハスの思考』〈ソコトコ新書〉木楽舎

自然体験を通して広がる人間関係と発達

■**第1節** 子どもをとりまく人的環境 ■■■■■■■■■■■■■■■■■

(1) 環境の区分・分類

　子どもは生まれた瞬間からさまざまな環境と出会い，成長をしていく。環境と一言でいってもさまざまなものがあげられ，それらは大きく2つの区分，そしてまたそのなかで5つの分類に分けることができる（表5.1）[1]。まず2つの区分については，「自然的環境」と「社会的環境」である。「自然的環境」とは，自然本来の状態をさし，「生物的環境」（植物，動物，微生物など）と「非生物的環境」（森，川，湖，海，大気，天候，気候，宇宙など）に分類することができる。「社会的環境」は人が生活を営むなかで必要とされる人為的につくられた状態であり，「人的環境」（家族，友人，保育者，地域の人々，地域社会など）と「物質的環境」（衣類，道具，施設，生活用品，交通機関など），「文化的環境」（絵本，紙芝居，生活様式，TV，ゲーム，家電，芸術，制度など）の3つに分類される。

　「自然的環境」と「社会的環境」は時代によって，それぞれの区分の影響が異なってくる。はるか昔は，自然的環境に大きく影響を受けながら，生活をするなかで社会的環境をつくり出していた。しかし，現代はどうだろうか。これまでに積み重ねてきた人類の経験や培ってきた知識・技術により目覚ましい進歩を歩んできた。その成果もあって，夜間でも活動が可能になり，即座に世界中

表5.1　環境の分類モデル

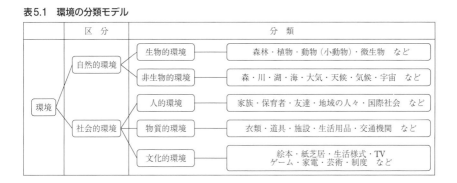

	区　分		分　類
環境	自然的環境	生物的環境	森林・植物・動物（小動物）・微生物　など
		非生物的環境	森・川・湖・海・大気・天候・気候・宇宙　など
	社会的環境	人的環境	家族・保育者・友達・地域の人々・国際社会　など
		物質的環境	衣類・道具・施設・生活用品・交通機関　など
		文化的環境	絵本・紙芝居・生活様式・TV ゲーム・家電・芸術・制度　など

の人とコミュニケーションを可能にするIT機器も充実するなど，人類にとって利便性に富んだあらゆる物質的環境・文化的環境が整備されてきた。ただ，人類が生活を豊かにする反面，自然的環境への影響を考える点については，人類すべてが共通の問題意識をもち生活をするべきである。そして，現代に生きる子どもたちは大人がつくり出した，あるいはそれまでの人類がつくり上げてきた社会のなかで生きていかなければならない。

(2) 人的環境

　保育所・幼稚園・認定こども園は，その子どもにとって人的環境を大きく変化させる場になる。これまでは，家族との生活のなかで安心できる環境のもと，生活を送ることができていた。園に入ることでそれが一変し，保育者という家族以外の大人とのかかわりや同年代の子どもたちとのかかわり，地域住民とのかかわりなど大きく広がりをみせる。

　子どもは安心できる保育者を起点に，ほかの保育者や同じクラスの子どもたち，園に在籍するほかのクラスの子どもたち，そして園への出入りがある地域住民，保護者を自分にとって身近な人物と捉え，親しみをもって接するようになる。なかでも毎日のように顔を合わせ，生活をともにする友だちの存在は，その子どもの成長に欠かすことができないものである。未満児であってもいつも顔をあわせる友だちのことはそれとなく認識しており，幼児にもなるとお互いの認識はより強くなっていく。自分の所属するクラス全員が揃った日は「みんな揃っていいね，よかったね」と子どもから発言があるように，友だちとともに過ごすことに対する喜びやその集団での活動に楽しさを表現することがある。また，体調不良やそのほか諸事情により欠席があった際には，欠席した子のことを心配したり，少し寂しい雰囲気があったりと違う様子を見せることがある。いずれにしても，クラスの仲間はその子どもにとってはかけがえのない特別な存在になっていく。

　そのような環境で過ごすからこそ他者の存在を強く認識し，かかわっていくなかで自分の思いを伝えたり，相手の思いを感じ取ったりする。ときには対立

を経て自分以外の他者について知っていく機会もある。とくに自然のなかでの活動は，自然についての理解を深めることはもちろんのこと，自分自身について知る，他者について知る，他者とのかかわり方，コミュニケーション能力を育むなど，自分をとりまく人的環境へのアクションを通し，成長がみられる場である。

　自分以外の他者とのかかわりは園内だけの話にとどまることはない。保育所・幼稚園・認定こども園は地域とのつながりが多く，近隣の住人や働く人とかかわる場面が多くある。それは行事ごとに関連させたものから，日常的なかかわりまで幅広く，子どもを地域で育むという思いを強く感じることもある。

　ある園では，節分の豆まきに地域住民が鬼の役として仮装し参加する。子どもたちはクラスに入ってきた鬼へ必死に豆を投げる様子もあれば，保育者に隠れて鬼から逃げる様子もあった。保育者の話では，そのような子どもたちにとっては非日常的で，自分の身に危機迫っている状況だからこそ，その場面で初めて見る子どもの姿もあり，子どもの成長や新しい姿を発見できる機会になっているという。その園では地域住民との豆まきが通年の行事になっており，住人は鬼役を年ごとに交代し，順番で担当を決めて実施している。ほかにも園によっては，地域の小中学校との交流や介護施設利用者との交流があったり，お正月やクリスマス，運動会といった季節的な行事でのかかわりがあったりと年間を通じて多くのかかわりを経験する。次の場面は実際に筆者が園で行われたお散歩に同行した際のひと場面である。

エピソード　自然を知り，文化にふれ，地域とかかわる

　秋晴れの気持ちのいい日，お散歩先での出来事だった。3名の保育者と園児20名ほどでいつものお散歩道を歩いていると，道中の柿農家から「柿，見にくるかい？」と声がかかった。誘われるがまま農家の車庫に入っていくと2名のお年寄りが採れた柿を干し柿にするための皮剥き作業を行っていた。そこでは機械に柿をセットし，回転すると同時に皮が剥ぎ取られていく作業が行われており，子どもたちは一瞬で皮が剥がれていく柿に注目していた。子どもたちが柿に触れるということはなかったものの，干し柿にするための作業を見学し，子どもによっては自宅が柿農家で，同じ作業を行っているという声もあった。

第5章　自然体験を通して広がる人間関係と発達　69

このお散歩は特別な行事でもなく，ましてや柿農家へ事前に保育者が連絡しておいたわけでもない。いつものお散歩道で出会った，何気ない地域住民とのかかわりから発生したことである。この地域では柿だけではなく，桃やりんご，葡萄といった果物が多く収穫され，とりわけ柿は干し柿としてブランド化されており全国各地へ出荷されている。そんな特産品でもある干し柿は，14世紀ごろからその地で盛んに栽培されており，機械が導入されているものの，伝統的な製法を現代まで受け継いでいる。今回の見学により，子どもたちにとっては干し柿の製造全体を知る機会になったわけではないが，秋という季節を知り，身近な伝統ある文化についてふれ，地域の人と交流した貴重な時間になった。

　このように子どもたちは周りの環境に大きく影響を受けながら成長し，その過程であらゆる知識・技術を身につけていく。保育者はそのことをふまえつつ，あらゆる人的環境を通し，子どもの気づきや興味関心が広がるような保育内容のあり方を考え，計画的かつ安全に保育を進めていくことが必要である。

第2節　幼児における自然体験の重要性

　日本は北海道から沖縄まで約3500kmと南北に長く，同じ日本であっても自然環境は地域によって明らかに異なっている。また，同じ都道府県であっても南北に長ければ積雪量や平均気温などに違いがあり，東西に長ければ日の入り・日の出時刻が異なるなど，目で見て肌で感じ取れる違いがある。もっといえば，同じ市町村内であっても標高の違いや地形によって自然環境に違いがあるのも珍しくはない。そのような自然豊かであり，いろんな自然の様子を見ることができる日本ではさまざまな自然体験活動をすることができる。ここでいう自然体験活動についてだが，よく引用されている文部省『青少年の野外教育の振興に関する調査研究者会議報告』[2]にあげられているものを定義とする。

　野外教育については，様々な考え方があり得るが，本協力者会議では，野外教育を「自然の中で組織的，計画的に，一定の教育目標を持って行われる自然体験活動の総称」と捉えた。
　なお，自然体験活動とは，自然の中で，自然を活用して行われる各種活動であ

り，具体的には，キャンプ，ハイキング，スキー，カヌーといった野外活動，動植物や星の観察といった自然・環境学習活動，自然物を使った工作や自然の中での音楽会といった文化・芸術活動などを含んだ総合的な活動である。したがって，野外教育は，自然体験活動を取り扱う教育領域であると位置付けることもできる。

　さて，自然体験と聞いて思い出に残っている活動はあるだろうか。そしてそれはいつの記憶だろうか。「家族でキャンプに行ったときに見た星空が記憶に残っている」「家の近くの山に登ったとき頂上の景色がすごかった」など人の数だけの思い出があると思うが，おそらくその多くは幼少期に経験したことではないだろうか。また幼児期に限っていえば，虫取りをした記憶，泥団子をつくった記憶，川で遊んだ記憶，キャンプファイヤーをした記憶など，言われてみれば思い出されるような記憶があるのではないだろうか。そのような幼児期の自然体験は鮮明な記憶ではないかもしれないが，大人になっても残り続けるようなもので，場合によっては，その人のパーソナリティを形成している重要な経験にもなっている。これまでにも野外教育分野・環境教育分野・自然体験活動分野においてさまざまな研究が取り組まれており，人と自然との心理的距離感の縮まりや体験活動を通して育まれる非認知的能力などについての研究が盛んに取り組まれており，自然体験が個人や集団にとって大きな影響力があることは明らかになっている。では，そのような自然のなかで行われる活動で，幼児期に焦点を当てて考えると，どのような重要性や意義があるかについて以下にまとめることとする。

① 身近な自然を楽しむ

　木々に囲まれた場所，多種多様な動植物が生息しているところ，人工物が少ないところ，人の出入りが少ないところ，そのような自然度の高い場所での体験は感覚を研ぎ澄ませる自然体験にとってやりやすさを感じる。しかし，そのような限定的な場所でしかできないようなものばかりではない。街の中にある公園，街路樹，園内の花壇，プランターで育てた植物，園舎内で飼っている動物など，身近にも自然を感じられるものはたくさんある。大人は見過ごしてしまいそうなものでも，子どもはそのような身近な自然に遊びの価値

を見出し，展開させていく。その連続が多ければ多いほど，子どもにとっては自然を知るきっかけが増え，自ら自然とのかかわりを一層楽しむようになる。

② 体験の共有

「森の中を歩く」「海で泳ぐ」「川で水遊びをする」などといったように直接体験で自然のなかに身をおくことを通して得られる学びは自然との親和性を育むためには不可欠である。しかし，単に活動を楽しむだけではなく，その体験によって感じたこと，考えたことを他者と共有することが重要である。子どもたちが見つけた自然物，活動を通して得た経験はどれも同じものはない。同じ体験をしても子どもの人数分の感じ方がある。それは否定されるものでもなければ，優劣をつけるようなものでもない。自然体験は共有することに満ちあふれており，「自分がそのままの自分でいていい」そのようなことを感じられることも魅力であるといえる。

③ 自然を体感する

ここでは「五感」がキーワードになってくる。人間がもつさまざまな感覚センサーを活かし，自然のなかに身をおき，たくさんの刺激を得ることは自分の世界を広げていくことにつながる。たとえば，森のなかに入り集中して森の音に耳を傾ける，すると森のなかを風が一瞬で過ぎ去る音や落ち葉が落ちる音，遠くで小動物が動く音など，微かな音でも聞き取れるほど感覚が研ぎ澄まされていることを体感する。また，今まで聞いたことがなかったような初めての音との出会いがあったり，逆に森の静寂さに気づいたりと感覚センサーを研ぎ澄ませることで得られる新しい世界がそこにある。幼児とってもそのような発見や気づきの連続は好奇心をくすぐらせ，自然とのかかわりをより強いものにしてくれる。

④ 身体能力の発達促進

幼少期，とくに3歳から8歳に至るまでの期間は「プレゴールデンエイジ」と呼ばれており，運動能力の基礎ができあがる時期とされている。神経系が急速に発育していくため，器用さ，リズム感，バランス感覚などの習得が見

込まれる。

　自然のなかには，芝生などでふわふわした地面や斜面，砂利道，岩場などがあり，そのような場所での遊びを経験することで得られる身体感覚がある。運動能力はもちろんのことだが，危機回避能力にもつながる。たとえば，転びそうになったときとっさに大怪我にならないような動作をとれたり，人やものとぶつかりそうになったときに回避動作がとれたりすることである。そのため，幼少期に自然での活動を経験することはその後の人生につながる身体感覚の獲得に大きな影響を与える。

■第3節■ 幼児の自然体験

　近年，県主導で地方独自の豊かな自然環境を活かした保育の認証制度が導入されてきている。たとえば，長野県では2015年に「信州型自然保育認定制度（通称：信州やまほいく）3）」（表5.2），鳥取県では2015年に「とっとり森・里山等自然保育認証制度4）」，2017年に「保育所，幼稚園等とっとり自然保育認証制度5）」，広島県では2017年に「ひろしま自然保育認証制度6）」，滋賀県では2020年に「しが自然保育認定制度7）」，奈良県では2022年に「奈良っ子はぐくみ自然保育認証制度8）」，千葉県では2023年に「千葉県自然環境保育認証制度9）」が設立されている。県により認定基準は違うものの，活動時間や保育内容，保育者研修など一定の基準を満たす団体が認定を受けられる。認定団体には環境整備費用等の運営にかかわる助成や県が運営する自然保育にかかわるウェブサイトへの掲載などが行われる。

　前述の都道府県レベルの自然保育制度のほかにも，三重県では学識経験者を含む調査・検討委員会を設置し，野外保育の施設・保護者への有効性の検証や普及方策の検討が行われている。岐阜県では「ぎふ木育」30年ビジョンの取り組みを実施し，木育イベントの開催や木育ひろばの設置が行われている。このように自然保育は昨今大きな広がりをみせ，社会的に自然保育への認知度が高まりつつある。

表5.2　自然保育認定制度の一例（信州信州型自然保育認定制度）

県	長野県	
要綱	信州型自然保育認定制度実施要綱	
名称	信州型自然保育認定制度（特化型）	信州型自然保育認定制度（普及型）
活動計画・時間	・屋外での子どもの自然体験活動が，毎月計画的に実施されていること ・3歳以上の子どもの屋外での体験活動を，長期休暇等を除き，<u>1週間で合計15時間以上行われていること</u>	・屋外での子どもの自然体験活動が，毎月計画的に実施されていること ・3歳以上の子どもの屋外での体験活動を，長期休暇等を除き，<u>1週間で合計5時間以上行われていること</u>
人員配置	・保育所等の配置基準によるものとする ・常勤，非常勤を問わず，保育者の半数以上の者が，保育士又は幼稚園教諭又は保育教諭の資格を有する者であること ・<u>保育等関係団体において，通算2年以上，自然体験活動の指導経験を有する常勤の保育者が半数以上いること</u>	・保育所等の配置基準によるものとする ・常勤，非常勤を問わず，保育者の半数以上の者が，保育士又は幼稚園教諭又は保育教諭の資格を有する者であること
環境・研修	・屋外での子どもの自然体験活動に使用できる場所が園庭以外にあること ・県その他の者が実施する自然保育に関する研修会に，所属する保育者を毎年度参加させること ・広報紙やホームページ等において，保育等の体制や自然保育に関する活動内容を公開すること	・屋外での子どもの自然体験活動に使用できる場所が園庭以外にあること ・県その他の者が実施する自然保育に関する研修会に，所属する保育者を毎年度参加させること ・広報紙やホームページ等において，保育等の体制や自然保育に関する活動内容を公開すること
安全対策	・<u>子どもの救命・応急手当等を行うために必要な知識に関する講習を受講したと認められる常勤の保育者がいること（期間についての規定あり）</u> ・安全管理マニュアルを作成していること。かつ保育者と保護者に周知していること	・安全管理マニュアルを作成していること。かつ保育者と保護者に周知していること
施行	2015（平成27）年4月1日	2015（平成27）年4月1日
認定園数	15園（2023年9月時点）	255園（2023年9月時点）

注：下線は普及型と特化型の主な違い
出所：陳倩倩・能條歩・田中住幸・中本貴規（2020）「自然体験教育と環境教育の視座から見た日中の幼児教育における一考察」『北海道教育大学紀要（教育科学編）』第71巻第1号より筆者が一部抜粋，加筆。

■第4節　幼児の自然体験の実際

　全国には自然保育を取り入れた保育・幼児教育施設はたくさんあり，それは今から約30年前から今日まで広がりをみせている。それ以前は，子どもたちに自然とのかかわりを望む保護者が主体となり自主的に行われていたが，近年のように自然とのかかわりに特化した施設や専門の指導員などは少なかった。今では各都道府県に1つ以上は自然とのかかわりに特化した施設が存在し，今後

も全国的な広がりをみせることが予測される。

　ここでは前述した信州やまほいく認定制度で「特化型」を取得している園の様子から考えていきたい。特化型では，いわゆる「森のようちえん」[10]のスタイルを保育に取り入れており，子どもたちは1日の大半を屋外で過ごしている。

　運営形態や方針，地域性，自然資源などによって園での活動内容は異なり，それがその園の特色につながる。ここでは筆者がよく観察に訪れる自然保育実践園での子どもたちの様子を少し紹介したい。

　朝の会の始まりは当番の子どもが鳴らすベルの音で始まる。森のなかで焚き火を囲み朝の歌，出欠の確認，絵本の読み聞かせが行われる。終わると日によって活動は異なるが，晴れた日は森のなかを走り周り，常設されているアスレチックやターザンロープ，木と木の間に吊るされたブランコなどで遊ぶ姿もあれば，木や土，木の実，葉っぱでお菓子づくりの遊びをしている姿もあり，子どもたちの遊びが多岐に展開されている。季節によっても遊びの内容は大きく異なる。春は畑に野菜の種まき，田植え，山菜の採取と調理を行うことがある。この時期に運動会も行い，園庭といった雰囲気のところではなく，親子一緒に野原で行う。夏は森や川に出かけ，昆虫や水性生物を捕まえたり，水遊びや畑での野菜の収穫をしたりとさまざまな活動を行う。秋はその地域ならではの果物収穫体験やジャムづくり，秋野菜の収穫などを行う。また，森に出かけてはどんぐりや松ぼっくりを採ってきて，工作遊びを楽しむ。冬は近くのスキー場でのスキーや雪遊び，園でのクリスマス会やお餅つきを楽しむ様子がある。このようにその土地の四季や生活，文化といったものを全身で子どもたちが体験していることがよくわかる。

　お散歩では，複数のコースが定番化されており，その日の天候状況や子どもたちの様子などによって選ばれる。ここでも街中にある園とは大きく異なり，子どもたちが歩く場所の多くは舗装されていない道で，砂利の林道や勾配の大きい坂など，まさに山道を歩いているといっても過言ではない。だが，このような道を歩くからこそ得られる自然との出会いや，身体的感覚があることは明白である。次にあげるエピソードは，数ある保育・幼児教育施設のなかで，自

然保育実践園ならでは場面である。子どもの表情や行動，周囲の様子，保育者の願いなどを想像してほしい。

エピソード　**土をふるいにかけて，水とまぜまぜ，あとは焼くだけ…**

　梅雨明け直前の晴れたのある日。森のなかを忙しそうに動き回る女児に注目した。その女児は森の土をスコップでかき集めていた。集め終わるとボウルを用意し，その上で土をふるいにかけている。その様子は公園の砂場でよく見る光景だった。ふるいにかけられたサラサラした土で泥団子でもつくるのかと思いきや，驚いたのはそれ以降の工程だった。女児はプラスティックのコップに水を入れ，手に持った泡立て器で，慎重に土と水を混ぜ合わせていく。5分ほど混ぜたところで納得がいったのか，少し小さめの鍋に流し込み，その上に葉っぱや木の実，枝のトッピングを始めた。すると，ボウルを持って移動したかと思うと，それを焚き火の上の網に乗せ，焼成を始めた。そう，女児はケーキをつくっているのである。しばらくすると，女児は保育者と一緒に火バサミで鍋をつかみ，冷ます工程へと入っていった。

　この事例は，園では珍しいこともでなく，遊んでいる子どもも特別なことをしているというような様子ではなかった。この事例では女児の行動にどんな背景があるのか，保育者としての注目ポイントについて以下の3点に注目しておきたい。どれも園の環境によって子どもの活動は異なってくるが，保育者としては見逃せないポイントである。

① 無限大の創造性

　土を集め，ふるいにかけ，さらさらした土を採取する。そんな経験はこれまでにあったかもしれないし，または目にする機会があったと思う。しかし，それ以降の工程，そしてでき上がったものを想像できただろうか。これについて推論の域を出ないが，家庭での保護者とのケーキづくりの経験からなのか，保育園での同様の調理経験が材料を森で採ってきたもの（土や花，木の実など）に変えて再現されたのか。もしくは，つくっているうちに，「次はこれを入れたい」「その次はこれを火にかけてみようかな」といった発想の連続性が今回の作品を生み出したのか。いずれにしても，自然保育を日常的に実践しているからこそみられる場面であり，そこで過ごす子どもたちだからこその発想力・創造力であることに違いはない。

② 保育者の考え方

　事例での行動について，自分が近くにいる保育者であったら女児にどのような声をかけるだろうか。または，どんなサポートをするだろうか。事例から考えてみると，おそらく気になる部分は「火」のところではないだろうか。大人からしてみると「危ないから，やめてほしい」「焼かなくても，日が当たるところに置いていれば…。」とそんなことを考え，活動を制限しようとするかもしれない。しかし，子どもの意向を受けた保育者は止めるわけでもなく，焚き火の上に網を置き，火ばさみで鍋を持ち女児と一緒に網の上に鍋を置いた。そして保育者は「できたら呼んでね」と言って少し離れた場所で女児の活動を見守っていた。「火」は危険を伴うことが多く，ときには「火を使わない」というリスクを回避する選択肢をとることもある。だが，まったく使わないということは危険であることすらも気づかせてくれない。この事例でみるように，その場に応じた安全な形で子どもの行動を制限することなく，「やってみたい」が実現できるような環境や保育者の立ち位置，判断力がポイントになってくる。

③ 環境を活かした活動

　森には子どもたちの好奇心をくすぐるようなもので溢れている。一見，大人にとってはただの葉っぱや石でも，子どもの遊びによってはお金になったり，手裏剣になったり，ケーキのトッピングなどと何にでも変化する。それは子どもたちの発想や想像力もさることながら，それを生み出すためのものが子どもと近い距離にあるからこそである。そして重要なことは，それらに使い方が特定されていないことである。たとえば，スマホの玩具があるとする。それはそれで大人と同じものを使う気分で，楽しく遊べるツールであり，ごっこ遊びにおいては会話を楽しんだり，電話で注文を受けたりなど，リアリティがある遊びが展開できる。しかし，スマホの玩具がケーキのトッピングになることはないであろう。石であれば，手のひらサイズの薄いものであればスマホになり，小さく色のついたものであればケーキのトッピングになる。そのように何にでもなり得る材料が子どもの周りにたくさんある環境は

子どもの発想や想像力を豊かにしていく。

　以上が，自然保育実践園での一例とそこでみられる子どもの様子，保育のポイントであったが，もちろん自然保育を実施しているすべての施設がそうとは限らない。施設によっては，滑り台，ジャングルジム，ブランコといった一般的な常設型の遊具しかない施設もあれば，施設自体が街のなかにありマンションや住宅に囲まれている場合もある。そのように施設敷地内だけでは限られた自然体験活動のみが実施可能な場合であっても，施設内で自然現象（雨，風，雷，雲の動きなど）の観察やプランターでの植物栽培，お散歩先の公園あるいはそこにいくまでの道で季節の移り変わりやその季節ならではの自然現象を楽しむことはできる。

■第5節■自然体験における保育者の役割

　保育者がどのような環境を構成しているか，どのように指導しているか，そしてどのような援助があるかによって子どもの活動の幅や多様さ，集中力，想像力など大きく変わってくる。自然体験における保育者が果たす役割についてあげていくと切りがないが，とくに重要となる4つについて以下にまとめておきたい。

① 自然と子どもをつなぐコーディネーターとしての保育者

　一人ひとりの子どもと密にかかわり，その子の成長を支えていくことは保育者の大切な役割でもあるが，子どもと環境とをつなげていくことも保育者としての大切な役割でもある。

　たとえば，子どもたちに「秋の自然を楽しんでもらいたい」「自分にとって身近な自然物の季節の移ろいを感じてほしい」そんな願いやねらいがあったとしよう。季節はいつがいいのか，どの場所であればその状況に出会えるのか，どんなアクティビティがいいのか，変化に気づくために複数回実施するのであればいつが妥当かなど，保育者がその時々の活動に応じて保育環境を設定し，環境と子どもとのかかわりが生まれるようにしなければならない。また，ここでいう自然とのつながりを支える役割としては，自然のなかだけ

にとどまらない。ある保育園はお散歩で近くの農業高校へ春に植えたさつまいもの成長をよく見学に行く。行くたびにツルの長さを測り，その長さ分のビニール紐を切って成長過程の記録として写真とともにクラスに掲示している。そのように成長の過程が一目でわかるもの，次回の見学が楽しみになるような視覚的な教材を使用することも子どもたちと自然をつなぐためには効果的なものである。

　環境を設定する場合，事前の準備や教材研究がとても重要になる。「こんな経験から，こういうように育ってほしい」といった目的やねらいが保育の活動には必ず存在している。活動はあくまでも目的や狙いを達成するための手段になるため，活動自体が目的にならないように注意したい。

② 子ども同士の関係を支える保育者

　集団での生活は子ども同士のさまざまなかかわりの様子を捉えることができる。思いやりの場面，協力する場面，競争する場面，ケンカをする場面など，それらすべて子どもたちが他者とかかわるからこそみられる場面であり，子ども自身の対人関係についての学び，成長するチャンスでもある。それはただ子どもが複数人いる環境だったら自ずとでき上がるわけでもなく，勝手に子どもが経験を積んでいくといったことではない。

　トラブルが起きた際に，すぐに保育者が駆けつけることも状況によって必要ではあるが，少し待つ時間をとって，子ども同士で話し合うことやルールや順番を決めていくことも社会性や規範意識を身につけるうえでは必要なことである。このように保育者は子どもをとりまく人的環境を調整し，子ども同士のかかわりを促していく重要な役割がある。

　自然体験には子ども同士のかかわりの場面が非常に多くある。雪上でのそり遊びや川遊びでの浮き輪は遊び場，道具に限りがあることが多い。また，重たいものを持つ，グループで木の枝や木の実を拾う，野外で炊事をするなどの場面もある。それらはすべて1人では困難なことで，他者とのかかわりを絶対的に必要とする場面である。だからこそ，協力や共感，葛藤，対立といったことを経験することができ，その出来事が子どもたちにとっては成長への

足がかりになることもある。

野外炊事での年中による火おこし「火を起こす」その作業に何人が協力していただろうか。筆者が確認した子どもで男児5人だった。どんな役割を果たしている子どもがいたかは想像してほしいところだが，かれらは焚き火を燃やし続けるために，風・薪・細い枝の「足りない」を協力して補い合っていた。そのため，鍋を乗せる前からも強火がしっかりと維持されていた。

③ モデルとしての保育者

　保育者は子どもと多くの時間を過ごし，その子どもたちの成長を見守る。保育者が子どものことをよく観察し，個性やその子の行動を見るのと同じように，子どももまた保育者をよく見ている。保育者の何気ない仕草，話し方，歩き方，ご飯の食べ方，子どもとの接し方など保育者自身も気づいていないようなことに子どもは気づくことがある。そして自分の行動への参考にする。保育者の日ごろの立ち振る舞いが子どもの日ごろの様子に影響を与えてくることはいうまでもない。

　自然のなかではどうだろうか。一生懸命生きている動植物にいたずらをする，ゴミを捨てる，自然に対しての子どもの興味にまったく関心のない言動や行動をとる。それらは保育者の行動としては相応しくないといえる。子どもは善悪を自分の周りの環境から情報を得て判断する。つまり見本となる保育者が相応しくない行動をしていても子どもはそれを正しい行動と捉えてしまう。子どもたちと行動するからには自分の行動もしっかりと見返す機会をもつことも大切なことである。

　自然のなかでは，一緒に遊びつつも，花の匂いを嗅ぐ機会を設けてみたり，一緒に自然の音に耳を傾けたり，なかなか経験することはむずかしいが自然のなかにある食べられる木の実を味わったり，五感を用いて子どもと一緒に過ごし，子どもたちのリーダーとなって自然に繰り出す，そんなガキ大将のような保育者が理想像ではないだろうか。もちろん保育者それぞれには個性

があり，それぞれの味がある。そんな自分の個性を発揮しつつ，子どもたちが自然に対して親和性をもってかかわれるようなモデルとなる保育者が真の理想像ではないだろうか。

④ "チーム" の一員としての保育者

1人の保育者が自分の担当するクラスの対応を担い，責任をすべて背負い込むことは本来あってはならない。保育は，クラスが違う場合であっても，担当する学年が違う場合であっても，その園の保育を支える全員でチームになって行うものである。

自然体験を保育に活用するにあたって，この"チーム"で取り組むという考えは非常に重大な意味をなす。たとえば，活動中に怪我をしてしまった子どもがいるとする。怪我をした子どもの対応をする保育者，ほかの子どもの対応をする保育者が必要なことは明らかである。救急車を呼ぶような重大なものであれば，119番通報，園への連絡，保護者への連絡が必要になってくる。しかし，普段から連携が取れていないと子どもの情報（アレルギーや既往症など）も把握していなければ，スムーズな対応へとつなげることはできず，場合によっては誤った対処をしてしまうこともある。平成30年に長野県高森町で発生した園外保育中の事故（園児が墓石の下敷きになり，亡くなった事故）もその要因に保育者同士の連携が取れていなかったことが指摘されている[11]。

子どもはいつもまとまってクラスで行動するとは限らない，お散歩をクラス合同で実施する，異年齢で実施するといったことはよくある話である。お散歩先で自分のクラスではない子どもの相手をすることもまた珍しい話ではない。そのためにも普段からクラスのこと，子どものことをほかの保育者にも共有しておく必要がある。改まった会議の場や研修でも共有の場はあるが，何気ない普段の保育者同士のかかわりのなか（ちょっとした業務の間や子どもが帰ったあとのお茶を飲む時間など）でそのような情報が共有されるのもまた必要なことである。

園児と一緒に自然体験活動ができる場所は皆さんの身近にはどんなところがあるだろうか。四季の移ろいを感じ取れる。見たり，聞いたり，触ったりと直接体験ができる，その地域ならではの特色を活かせるなど，具体的な場所を考えてみよう。また，その場所で，自然に親しみつつ，人とのかかわりを楽しむという目的であれば，どんな活動ができるか考えてみよう。

注

1）腰山豊（1990）『秋田大学教育学部教育工学研究報告』第12号より筆者が一部抜粋，加筆。

2）文部省（1996）『青少年の野外教育の振興に関する調査研究者会議報告』https://www.mext.go.jp/b_menu/shingi/chousa/sports/003/toushin/960701f.htm（2023年9月24日最終閲覧；以下URL同じ）

3）長野県「信州型自然保育認定制度実施要綱」https://www.pref.nagano.lg.jp/kodomokatei/kyoiku/kodomo/shisaku/documents/r5yoko.pdf

4）鳥取県「とっとり森・里山等自然保育認証制度実施要綱」https://www.pref.tottori.lg.jp/secure/975793/morisatoyamaninsyojissiyoukou.pdf

5）鳥取県「保育所，幼稚園等とっとり自然保育認証制度実施要綱」https://www.pref.tottori.lg.jp/secure/1078989/youkou.pdf

6）広島県「ひろしま自然保育認証制度実施要領」https://www.pref.hiroshima.lg.jp/uploaded/attachment/545774.pdf

7）滋賀県「しが自然保育認定制度実施要綱」https://www.pref.shiga.lg.jp/file/attachment/5165815.pdf

8）奈良県「奈良っ子はぐくみ自然保育認証制度実施要綱」https://www.pref.nara.jp/secure/284935/010_sizenhoikujissiyoukou.pdf

9）千葉県「千葉県自然環境保育認証制度実施要綱」https://www.pref.chiba.lg.jp/kosodate/shizennhoiku/documents/youyou2.pdf

10）「森のようちえんとは…自然体験活動を基軸にした子育て・保育，乳児・幼少期教育の総称。『森』は森だけでなく，海や川や野山，里山，畑，都市公園など，広義にとらえた自然体験をするフィールドを指す。『ようちえん』は幼稚園だけでなく，保育園，託児所，学童保育，自主保育，自然学校，育児サークル，子育てサロン・ひろば等が含まれ，そこに通う0歳から概ね7歳ぐらいまでの乳児・幼少期の子ども達を対象とした自然体験活動を指す」森のようちえん全国ネットワークウェブサイト https://morinoyouchien.org/about-morinoyouchien

11）長野県高森町（2019）「高森町立保育園において発生した死亡事故の検証等に関する報告書」https://www.town.nagano-takamori.lg.jp/material/files/group/7/houkoku.pdf

第1節 多文化教育における学習―多文化学習とは―

　今日，多文化教育が求められる背景には，①グローバリゼーションの影響，②それに伴う日本社会の変化，③多様性への対応と教育の課題解決の必要性があげられるだろう。まず，①グローバリゼーションの進展に伴い，国境を越えた人の移動が増加し，世界中で人々が異なる国や地域に移住し，多民族・多文化の社会が形成されている現状を受けて，②日本においても人口減少と少子高齢化の課題に直面するなかで，移民の受け入れが議論されており，その実現可能性が検討されている。加えて，幾多の経緯を経て2019年5月には，「アイヌの人々の誇りが尊重される社会を実現するための施策の推進に関する法律」(以下「アイヌ新法」) が施行され，初めて法律上でアイヌ民族が日本の先住民族であることが明記された。これらの現況を受けて，③多様な文化やバックグラウンドをもつ人々が共生するための制度や政策，とりわけ子どもたちへの教育内容とシステムを整備することが喫緊の課題といえるのである。

　では，多文化教育における学習 (多文化学習) とはどのような内容と方法をさすのだろうか。ここでは，松尾[1]の考察をもとにした整理によって，多文化教育おける学習内容と方法の特徴について，以下の2点を示しておく。

(1) 多文化教育はすべての子どものための教育である

　1960年代にアメリカで展開した公民権運動を背景に生まれた多文化教育の基本的な考え方は，「多文化社会における教育は，多文化でなければならない」というものである。多文化教育は，特別な教育ではない。文化的な背景にかかわらず，すべての子どもにとって，その差異に応じた教育のあり方を構想するものである。すなわち，多文化教育はすべての子どもに対する社会的な公正を求める教育である。多文化学習とは，人間の差異にかかわらず，すべての子どもが平等な教育を受ける営為であり，マイノリティの子どもたちにも平等な学

習機会を提供され，いっぽうで主流文化に属する子どもたちにも異なる文化や意見を尊重する学習機会が示されるものである。それは，社会的な公正の立場から多文化社会における多様な民族あるいは文化集団の共存・共生をめざす教育理念に基づく，その実現に向けた教育実践である。

(2) 個に応じた教育環境を構成し多文化市民の育成をめざす多文化教育

多文化教育は，個に応じた教育環境を構成し，以下の3つの主要な目的をもつ学習である。

① 学力をつける―社会的な平等

多文化教育の最初の目的は，異なる文化的・社会的背景をもつ個々の子どもたちに対して，学力を保障することにある。人間の差異は，人種・民族，ジェンダー，社会階層，セクシャリティ，障がい，年齢などを軸に，マジョリティとマイノリティの社会関係を生み出している。そこでは力関係に大きな差があるため，マイノリティ集団はしばしば，主流の社会や文化のなかで少数者として扱われることで，文化的に不連続なバリアに直面する。異なる文化に起因する有形無形のバリア，とくに言語の壁などに対処し，学力を向上させるための学習機会を提供することである。

② 多様性を伸張する―文化的な平等

多文化教育の第2の目的は，異なる文化的背景をもつ子どもたちの多様性を尊重し，伸張させることである。こうした文化的な多様性は，社会的な負担を意味するものではなく，社会をダイナミックで豊かにする異なる文化的個性を社会的な財産と捉え，多様性を奨励するのである。その学習内容は文化と文化の間を架橋する能力を育てるものであり，グローバリゼーションが進む社会において有益な資質能力となる。文化的な差異を価値ある財産と捉えることで，多文化学習は多様性を伸張し，文化的な平等を実現していくものである。

③ 多文化社会で生きる力 (コンピテンシー) を培う―多文化市民の育成

多文化教育の第3の目的は，多文化社会で生きるための力，つまりコンピテンシーを育てることである。その学習によって，異なる文化とのコミュニケー

ション能力や協働スキルを育成し，多文化社会において共生する市民を育てることをめざすのである。

　多文化学習は，文化的な差異を尊重し，異なる背景をもつ人々，子どもたちが学び，成長し，共生できる社会を構築するための重要なアプローチであり，社会的な平等と文化的多様性の尊重を推進する。文化的な違いを認め尊重するまなざしや異なる人々とのコミュニケーション能力を醸成しながら，地球という多文化社会において文化的に多様な人々と効果的にかかわり協働して多文化共生社会を築いていく市民の育成がめざされるのである。

　以上に述べたとおり，私たちは，一人の人間であり，文化的・個人的に異なる個人であり，また，多文化社会をともに築いていく市民でもある。マジョリティとマイノリティから構成される多文化社会においては，異なる文化を知り，自分とは異なる人々と効果的なコミュニケーションをとり，共生社会をともに築いていく意欲や行動力が今後いっそう求められるのである。

■第2節 幼児期の多文化学習の実践─自然教育としてのアイヌ文化学習■

　2007年9月の国際連合総会において，「先住民族の権利に関する国際連合宣言」が採択された後，2008年6月には日本においても「アイヌ民族を先住民族とすることを求める決議」が国会両院の全会一致で採択された。翌2009年7月には「アイヌ政策のあり方に関する有識者懇談会報告書」（以下「2009報告書」）が内閣官房長官に提出され，その結びでは以下の趣旨が強調された。

> 　それぞれの地域の実情を踏まえ，従来にも増して積極的にアイヌの文化の復興と豊かな共生に向けて力を尽すことが求められる。（中略）教育の場こそ，国民一般がアイヌ民族のことについて理解を深め，また，アイヌの子どもたちが自民族の文化について愛着をもって接する重要な契機となるからである。

　「2009報告書」が提出された同年12月には「アイヌ政策推進会議」が発足したあと，根本的・実質的な施策がなされてきたとは言いがたい状況のなか，2019年5月には，アイヌ新法が施行され，初めて法律上でアイヌ民族が日本の先住

民族であることが明記されたうえでのアイヌ文化の復興・促進を見据えた社会的・教育的政策がなされるに至った現状がある。この脈流においては，前述で強調された「国民一般がアイヌ民族のことについて理解を深め，また，アイヌの子どもたちが自民族の文化について愛着をもって接する重要な契機」としてなされる学習活動は，現行制度上におけるアイヌ民族・和人双方にとっての「アイヌ文化学習」と呼ぶことができるだろう[2]。

　ここでは，ESDの観点をもとに，「場」(Place) から切り離されてしまった「活動」(Activity) だけが切り取られて扱われる自然教育への批判に対して，「場」に内在する「固有の文化」と密接につながった形での自然教育の方法として，「アイヌ文化学習」に焦点を当てる。そのうえで，「多文化学習」の観点から，地域に固有の「生活文化」を構成する地域住民自身による自然教育としての「アイヌ文化学習」の実践とその課題を報告する。

(1) ESDとしての「場＝固有の地域」

　阿部 (2009) は，地域住民が主体的・創造的に持続可能の開発に参加することになしに持続可能な地域づくりはありえないとし，そこにESDが果たしていく役割は将来にわたってきわめて大きいと主張した[3]。また岩本 (2014) は，ESDにかかわる地域づくりへのプロセスは多様であり，過去・現在・未来を描くESD実践は地域レベルで実践することが必然であるとしたうえで，それぞれの地域に顕在化している課題は，どのような経緯で結果に至っているのか，その土地の文化や歴史に敬意を表し，十分思慮深く考えることが重要であるといい，直線的な日本史教育では明示化されてこない多元的な地域史を意識することがESD実践に求められると強調した[4]。

　これまでの自然教育における「自然体験活動」や「野外教育」のプログラムはパッケージ化され，取り組みの蓄積と洗練化を伴いながら発展してきた一面がある。それらの取り組みは，「自然」そのものに対する感性の広がりや自然科学的知識の習得に寄与してきただろう。しかし，そこで扱う「自然」とは，「代替可能な (普遍的な) 対象物」として捉えられている場合が多い。

いっぽうで，「自然」を地域に固有の（歴史的な）構成物として扱い，人々の生活圏（文化圏）における自然と人間の応答的な関係が蓄積・創造される「場」として考察する観点は，高野（2013）によって，「Place-based education」の視座から「場の教育」＝「地域に根ざした教育」がアイデンティティを土台とした個人の生きる力，自立して課題を解決していく力，地球を視野におきつつ地域全体で生き抜く力につなげていく可能性が論じられている[5]。また，土方（2016）は，「野外」を生活と切り離された単純な戸外や自然として扱うのではなく，人間の営みが刻印された風土としての「場」と捉えた教育の可能性を探り，「自然」の利用ではなく，暮らしや人間との関係性に根ざした教育としての理論的整備を今後の課題として掲げる[6]。さらに前田（2016）は，WattchowとBrownの文脈を借りつつ「場所に感応する野外教育」の意義を示したうえで，「地域に根ざした（Community-based）野外教育」のなかに，高野と土方の考察を創造的に包括していく必要性を述べている[7]。

　以上のように，既往の論考においては，「場」（Place）から切り離されてしまった「活動」（Activity）だけが切り取られて扱われる教育への批判が多方からなされてきている。では，「場」に内在する「固有の文化」と密接につながった形での自然教育とは，いかなる方法が考えられるであろうか。

　ここでは，とりわけ北海道において，アイヌの人々自身が自らの生活文化を子孫，あるいは社会へ向けて引き継ぎ遺そうとしてきた暮らしの営みに焦点を当て，地域住民自身による自然教育としての「アイヌ文化学習」の実践に係る報告に併せて課題を示す。

(2)「アイヌ文化学習」の現在

　「アイヌ文化学習」についての取り組みは，大きく3つの流れがある。それらは論考によって複合的な考察がなされているものの，まず1つは，その生活文化を「アイヌ語，口承文芸，独自の衣服と刺繍の文様，祭祀，儀礼，盛業など[8]として扱ったうえでの体験学習」にかかわる考察があげられる。もう1つは，「人権教育を伴うアイヌの歴史学習」としての考察である。そして，ここで取り上

げるのが「民族多様性の尊重からなる多文化教育」としてアイヌ文化を位置づけるという「アイヌ文化学習」についてである。

　上野は,「アイヌ文化学習」について「社会の構成者としての資質や態度を育むうえで重要なものであり,日本社会における多文化共生社会実現のための基礎となる学習」としたうえで (2014) [9],学校教育におけるアイヌに関する「歴史」「人権」教育の重要性を指摘した (2018) [10]。新藤 (2018) は,学校教育におけるアイヌ文化学習の論理として,「人権教育」「まちづくり」「地域文化学習」という3つの観点から考察したうえで,今後,多文化教育としてのアイヌ文化学習がもつ可能性を指摘した[11]。その一方で,北海道千歳市の小学校において「アイヌ文化学習」を開始し,体験的・理論的に実践してきた佐々木[12] (2011) は,北海道を中心として行われている「アイヌ文化学習」を一般的な実践教材,さらには継続できるシステムをつくり上げることはきわめて困難であることを述べている。

　以上のように,「アイヌ文化学習」にかかわる取り組みにおいては,「生活文化についての体験学習」「人権教育を伴う歴史学習」「多文化教育」という大きく3つの流れとして議論されてきた。

　いっぽうで,島津 (2017) は,アイヌの人々がもつ自然観が持続可能性に貢献できると考えられる理由を以下の3点にまとめている。第1に,動植物の少量ずつの使用や,余剰農産物を抑制するなどの方法で,資源を使い果たさないように生活する術を身につけてきた点。第2に,人間の優越性を強調せずに,人間自体も自然界の一部にすぎず,地理的な表象である山や川,湖,火,物などにも魂を感じ,万物は敬意をもって接するに値するものであると認識されている点。第3に,ユーカラをはじめとする口承文芸には,アイヌの過去と未来,世代間,集団間のつながりを保ち,聴く者の思考力,想像力を促しつつ,コミュニティへの所属感を認識させる役割を果たしている点である[13]。

　いま,「多文化学習」の観点からアイヌの人々が自然とつながり共生してきた生活文化を教育方法として成熟させる必要がある。教育活動における「自然」とは,社会と自然の関係のありようをよりよい方向へ導く,人間の営みの総体

的な場として捉えなければならない。その意味で，人間が自然への関係性を深め，身体を拓いて自然と交感する場として自らが生きる地域への想いを形成することについて，体系化されない「暮らし」のもつ意義は大きいといえる。

(3) ESD としての自然教育と「生活文化」

ESD として自然・生活体験活動をデザインする場合，そのフィールドは対象者が居住する地域的空間となるだろう。地域的空間における社会は，その場所の自然に働きかけ，自然を認識し，その認識に従ってさらに自然に働きかける。自然は社会の働きかけによって姿を変え，社会も自然の変化によってそのあり方を変えていく。この継続しつづける自然と人間の応答的関係，すなわち個別の社会と固有の自然を媒介するのは，その地域社会の共同性に根ざした「生活文化」である。物理的自然環境および生態系への関心にとどまることなく，地域的空間を「生活文化」の視点から捉え直すことによって，子どもたちは地域に固有の体験を通して，そこに立ち現れる「自然」や「生活」あるいはそれらの関係について学んでいくことも示唆できうる。

前述のとおり，この場合の地域社会とは，そこに住む人々と自然との相補的な関係のなかから生み出された歴史的な「生活文化空間」といってもよい。そして，この意味から「教育」のなかに子どもの「生活文化」としての「地域」を捉え直すことの意味がうきぼりになろう。なぜなら，独自のテンポと歴史が蓄積した「地域」とは，まさに子どもたちにとって自分を生み出す「生活」の基盤であり，そこでの現実とのかかわりを通して子どもは自立し，その「地域」に愛着をもつことで地域の文化，すなわち「生活文化」の創造の担い手となりうるからである。そしてまた，「地域」と子どもが接近することで，そこに住む人々が，より「地域」への自信と誇りをもつことによる地域生活文化の世代間継承にもつながるであろう。

本章で紹介する実践の対象である北海道天塩川流域の人々は「カヌーと天塩川」への気づきから地域文化を掘り起こし，かつて「アイヌの人々の暮らし」が「天塩川」とともにあったことにまで想いを馳せている。そして，かれらは「ア

ウトドア」として普遍化されるカヌーを受け入れつつも，アイヌの人々の生活
道具であった“チプ”という丸木舟と「生活文化」の共通性を見いだしたうえで，
自らが「手作りカヌー」を製作することで，その想いを地域文化にまで昇華さ
せる営みを重ねている[14]。

(4) カヌーによる自然体験・生活体験プログラム
① プログラムの概要

北海道天塩川流域の実情をふまえ，「地域」の人々のサポートをうけながら，
カヌー製作および自然体験活動を試行した（表6.1・6.2を参照）。

なお，「つくも水郷公園」は天塩川の河川改修によってできた三日月湖であり，
「南丘貯水池」は天塩川の支流，剣淵川上流の貯水池である（写真6.1）。

本プログラムは，「ダンボールカヌー製作」による「水」と「カヌー」への導入
を経たのちに「手作りカナディアンカヌーに乗る」「マジカル先人ゲーム」へと
展開する。大切な点は，子どもや父母，地域住民や指導者がプログラム全体を
通して「村民」としての協働性を体験するストーリー展開とすることである。
それが，「マジカル先人ゲーム」での子どもたちの活動意欲につながる。活動時
間の経過は子どもたちの興味・取り組みによってさまざまであり，流動的であ
る。プログラムの消化よりも子どもたちの活動内容の充実を主眼においた展開

表6.1 実践プログラムの概要

日時	場　所	対　象	備　考
1998年 7月	つくも水郷公園 （北海道士別市）	士別市，名寄市，風連町，和寒町，美深町 在住の小学校3〜6年生：計27名	士別市教育委員会主催「地域児童ふれあ い交流事業」
同上	つくも水郷公園	和寒町，愛知県豊田市在住の小学校1〜 6年生：計40名	愛知県豊田市リーダーシップ研修事業
1998年 8月	南丘森林公園 （北海道和寒町）	和寒町在住の小学校1〜6年生：計35名	和寒町教育委員会主催「ワットサム探検 隊」事業
2002年 6月	つくも水郷公園	士別市在住の小学校4〜6年生：計30名	士別市教育委員会主催「わくわくネイ チャー」事業
2002年 8月	南丘森林公園	和寒町在住の小学生3〜5年生：計27名	和寒町僻地5小学校校合同宿泊学習
同上	南丘森林公園	旭川市，和寒町，士別市，音威子府村在住 の小学校1年生〜中学校1年生：計31名	北海道カナディアンカヌージュニアクラ ブ主催キャンプ

表6.2 カヌー体験活動プログラム細案

分	内　容	備　考
0	1．班分け：一班4～6名ずつに分ける 2．天塩川の昔の写真を見せる：かつてアイヌの人々が丸木舟をつくって天塩川を遡ってきたこと，人と物資を運ぶ路であったこと，そして現在，天塩川が再び人と人・人と自然の交流の場となっていることを話す。また，貯水池と天塩川の地形的・歴史的なつながりについても説明する。	・学年，性別，地域が偏らないようにする
20 70	3．「ダンボールカヌー製作」 ＊天塩川の歴史と現在の流域でのカヌー実践への気づきとして，実際にダンボールカヌーを創作し，乗ってみる ①材料を配布する：班ごとに取りにくる ②ダンボールカヌー製作：各班ごとに自由にカヌーを製作する ③作品発表：カヌーの名前や特徴，工夫点などを発表する ④ダンボールカヌーに乗ってみる：班全員が対岸（10㍍）に移動するチャレンジ！（一度に何人乗ってもよい） ⑤後片付け	・カッターの使用法等の安全指導 ・必要以上のアドバイスをしない ・服装，装備（ライフジャケット）の確認 ・レスキュー体制の徹底
90	4．「手づくりカナディアンカヌーに乗ってみる」 ＊遊びを通してカナディアンカヌーの特性にふれる ＜陸上＞ ・パドルの持ち方，漕ぎ方の指導 ＜水上＞ ・自由に漕いでみる ・カヌー上で立ったり座ったりしてみる ・ガンネル（カヌーのへり）の上に立ってみる ・カヌー上で座る場所を入れ替わってみる ・端の人から順番に立ち上がってウェーブをする 　（全体のカヌーを横につなげて支えあった状態で） ・両端の艇の操作で進んだり，ぐるぐる回る（同上） ・全体のカヌーをできるだけ速く横断する（同上） ・2艇を跨いで股の下で漕いでみる ・1艇に何人まで乗れるか競争する ・カヌーの下をくぐり抜けてみる ・水中からカヌーに乗艇する	・「前こぎ，後ろこぎ」の指導のみ ・服装，装備（ライフジャケット）の確認 ・レスキュー体制の徹底 ・状況によって左記の項目を選択する ・必要に応じて着替える
120	5．「マジカル先人ゲーム」 ＊ゲームを通して，天塩川・船・人・モノのつながりに触れる ＜ゲームの設定＞ 　子どもたちの住んでいる村には村長と親分が各一人，数人の成人村民がいる。上流側と下流側にもそれぞれ村を配置し，村長が住んでいる。子どもたちはカヌーに乗って各村と交易をし，村ために仕事をしていく。池にはアイヌ語の合言葉とその日本語訳が書かれた札を浮かんでいる。(オロウェンベツ・キトタウシュナイ・ヲンネト・ヤムワッカヒラetc…) (つくも水郷公園の場合) 　　拠点の村：「つくも村」 　　拠点の村：「南丘村」 　　上流の村：「朝日村」 　　上流の村：「鷹栖村」 　　下流の村：「風連村」	・服装，装備（ライフジャケット）の確認 ・レスキュー体制の徹底 ・村長は指導者，父母等が担当する ・各村は拠点の村から直線距離で約50〜100m離れた岸に配置する(対象の漕力によって移動する) ・札は拠点の村の前方に，直径約30m円のなかに10m間隔で配置し，事前に浮かべておく(10個) ・村の名称は近隣市町村にしている ・地形によって「〜盆地」「〜の森」等を設定するのもよい ・一艇に子ども3〜4名

	下流の村：「士別村」	
	＜ゲームの進行＞	
	①子どもたちはそれぞれカヌーに乗って村を出発する	
	②子どもたちは札のところまでカヌーを漕ぎ，合言葉と日本語訳を憶えてそれを親方に告げるため村に戻ってくる。	
	③親方は子どもに各合言葉に対応した「指令」を渡す。	
	④子どもたちは指令を読み上げ，その仕事を果たす。	
	⑤他の合言葉が書かれた札のところまでカヌーを漕ぐ	
180	＜ゲームの終了＞	・合言葉とは対応していない指令を用意しておく（「歌」や「踊り」など）
	・すべての指令をはたす（他の艇の仕事を手伝う）	
	・終了時刻にあわせて拠点の村で完結する指令を渡す	
	・一人ずつにご褒美を渡す（例：あめ玉，手作りのバッジ等）	

が望ましい。「ダンボールカヌー製作」と「マジカル先人ゲーム」はそれぞれ最低1時間の活動時間とそれに応じた体力を要するため，「手作りカナディアンカヌーに乗る」の活動内容と時間の調節によって，活動を展開していくことができる。

■「ダンボールカヌー製作」

ここでは，性能のよいカヌーを製作することが目的ではなく，子どもたち自身がカヌーを創作することで，「手づくりカヌー」＝「生活の道具」という感覚にふれるきっかけなることへの期待がある。よって，活動中には子どもたちのアイデアを引き出すことと安全指導に重点をおく。また，「ダンボールカヌー」は意外なほどよく水に浮く。その反面，子どもたちは「いずれはかならず水に沈む」ことを無意図的に自覚してカヌーに乗り込む。このことによって，「カヌー」や「自然の水」に親しみのない子どもたちを抵抗なく活動に導入しやすくなる。

■「手作りカナディアンカヌーに乗ってみる」

ここでのねらいは，「カヌー技術の習得」ではなく，子どもたちがカヌーの特性を体感し，カヌーという「道具」を通じて「水」とのかかわりに身体全体を通して触れることである。指導者はあらかじめカヌー操艇技術を習得したうえで，安全対策をとる。

■「マジカル先人ゲーム」

　子どもたちが，拠点となる村の村民となって，カヌーを通じて先人たちの暮らしの擬似追体験をすることによって，川・船・人・モノのつながりに触れることがねらいである。指導者 (村長，村民) には，地域住民の他，北海道旭川市在住アイヌのエカシ (長老) の協力も得た (写真6.1)。

写真6.1　「カムイノミ」(安全祈願) の様子　中央座位がエカシ，隣は筆者，向かいは地域住民

② 事前準備

■カヌー，装備

　カヌー (各艇子ども3〜4名乗艇，レスキュー用最低1艇)・パドル (人数分)・ライフジャケット (人数分)・救急セット (1個)

＜ダンボールカヌー製作＞

　ダンボール [自転車用，冷蔵庫用などの大きなもの](各班2枚)・布テープ (各班2個)・定規 [なるべく長いもの](各班1個)・マジック (各班1セット)

＜マジカル先人ゲーム＞

・「上流・下流の村の看板」：ダンボール製の簡易なものでもよい。裏側に＜もらうもの＞→「約束状」，＜渡すもの＞→「返事」，など村長の役割を明記しておく。

・「水に浮かべる札」：30cm四方の発砲スチロール製マット (風呂用を切断すると便利) にアイヌ語の合言葉 (単語) とその日本語訳を書く。約1mのビニール紐で札と袋を結び付ける。使用時は袋に石をつめて錘にする。

写真6.2　北海道士別市「つくも水郷公園」　中央〜右部の三日月湖

「約束状」等の札：各札をそれぞれ艇数分用意する。約10×20cmのプラスチックまたはビニール製の札に指令に沿ったメッセージを書き込む。

「指令」：各指令に番号をつけ，同じ指令を艇数分用意する。A5の用紙に印刷し，ジッパー付保存袋に入れる。「指令」と「合言葉」の対応表をつくっておくとよい。そのほか，指令の内容によって必要な道具をそろえる。

■「指令」内容例

- 今年の夏は大変な豊作で，南丘村では食料が余ってしまった！　そこで君たちは上流の鷹栖村に食料を分けに行ってほしい。きっと鷹栖村の村長さんは大喜びで「感謝状」をくれるはずだ！頼んだぞ‼
- さあ大変！南丘村にケガ人がでた‼　しかし，南丘村には診療所がないぞ…。急いで下流の士別村の診療所までケガ人を運んでくれ！ケガ人を運んだら診断書をもらってきてね。
- さっき下流の士別村に運ばれたケガ人が診療を終えたので南丘村に帰ってきたいそうだ。頼む！迎えに行ってくれ‼
- 南丘村の村長さんはとても歌が好きだ。しか～も！　若い子どもたちの歌がとっても大好きなんだぜい！　ぜひ，村長さんに得意の歌を聴かせてあげてくれ！きっと村長さんは大喜びだ！
- 今夜は年に一度のお祭りだ！天塩川の神様に「感謝の踊り」をささげよう。村長さんの前でレッツダンス！
- 南丘村の村長さんは大のキノコ好きだ！　言い伝えでは，大島に「伝説のキノコ」が生えているらしい…。「伝説のキノコ」を村長さんにプレゼントしてくれ！村長さん，キノコにまっしぐら‼
- 大変だ！　南丘村ではこの夏気温が上がらず，食べ物がほとんど実らなかったよ～！　みんなは南丘村民のために，対岸の大山菜盆地から「山菜」をとってきてくれ！じゃないと飢え死にするよ～。
- なんだか最近，川の水が汚れているぞい！　風の噂では，上流の鷹栖村の人々が汚いゴミを川に捨てているらしい。南丘村と士別村の村民は，川の水が汚れてしまって困っているのだ！　君たちは村を代表して，鷹栖村に「抗議文」を持っていき，鷹栖村の村長さんに「もう川を汚さない」という「約束状」をもらってきてくれ！　最近，南丘村の若者たちが川にゴミを捨てていて，汚い水が流れてくる士別村の人々はカンカンに怒っているらしい…。君たちは，南丘村を代表して士別村の村長さんに謝ってきてくれ！　そして「もう川にゴミを捨てない」という，この「約束状」をし，「返事」をもらってきてくれ！

(5) 自然と人間の応答的関係と「場所に固有な現実」を把握するプロセス

ESDとしての自然体験活動を構成するにあたっては，地域の具体的な「生活文化」とそれを媒介とした自然と人間の応答的関係が循環する過程によって形成される「場所に固有な現実」を把握するプロセスが最も重要になる。そのためには，地域住民の経験に基づいて，その「現実」を丁寧に抽出する作業が不可欠である。その際，地域の課題を自覚し，主体的に地域の創造に取り組むのは地域に居住する住民自身であり，外から訪れる者の役割は，地域住民に「その地域に固有な現実」を自覚する契機をもたらすことであろう。

本報告の試案作成にあたっては，実際に「地域」に足を運び，「地域」のアイヌの人々やカヌー愛好者とふれあうなかで「実践」を積み重ねるという方法をとってはいるものの，自然教育の内容を構築するうえでの指導者の役割は，それぞれの地域に固有な現実に根ざした教育実践を生み出す原理を精緻化していくことであって，ある1つの教育プログラムを確立し，それをあらゆる地域に適用させていくことではないだろう。その意味で，ESDとしての自然体験活動は「地球規模で考え，地域的に行動する（Think Globally, Act Locally）」という言説を一面的に受け入れるだけではなく，むしろ「地域的規模で考え，地域的規模で行動する（Think Locally, Act Locally）」といった原理に従い，それぞれの地域の固有性こそが普遍的な事実であることを強調したい。そして，その事実に基づいたうえで，「身体の延長としての自然」という感覚が，自然科学的知や他者への共感に導かれ，居住地を越えたより広範な地域や空間へとつながり，さらには地球という範域にまで拡大されていくことがめざされる[15]。それは同時に，多文化への共感と受容を伴うものだろう。

第3節 幼児期の多文化学習の未来

(1)「概念」としての「人種」と「民族」

中山[16]は，「人種」は創られた「概念」であると断じている。人類学研究で明らかにされてきた「人類の種は一つ」という定義があるにもかかわらず，日本の多くの人々がいまだに「人種」はあると考え，その類別に疑問を抱かないのは，

日本の近代国家成立時の西洋的な人種観導入の名残りと社会的言説，そして学校教育の結果であるという。そして，グローバル化し，地域社会や学校が多文化化し，ヒトの多様性を受容すべき今こそ，教育にかかわるものがこの考え方を改善する努力をする責任があると強調する。日本社会では，何かとヒトの集団に対して「区分」や「身分」を設け「人種化」を行ってきた歴史があり，それが差別や偏見を生んできた。近代に集団間の差異化・序列化と結びついてきた「人種」「民族」概念を批判的に記憶し，学び捨てる（unlearning）する必要があるのだという。

　そこで，中山は「人種」の捉え方について，小学生，大学生，教員への調査を試みた結果，大学生，教員は圧倒的に「人種は白人・黒人・黄色人種がある」という回答であったのに対し，小学校低学年期には単純に「肌の色や髪の毛の形状」に注目した表現が多く，「人種」の概念は強くないことを検証した。そのうえで，子どもたちはどの段階で「人種」という区別をするようになるのであろうか，そして「人種」という概念が子どもの「当たり前」になる前の初等教育段階，その後の中等教育段階でどのような授業実践を展開することができるのだろうかと発展的な疑問を呈している。日本の教育界において，多文化教育，多文化共生教育の考え方が広がり，ヒトの多様性に関する学びは「共生」という未来志向を前提としたこれらの教育概念のなかに包括され，ヒトの区分けの概念そのものを問い直すという思考は前面に出てこなかったのである。しかし，グローバル化が進み，「外国につながる子どもたち」という言葉が教育の場においても日常的になり，地域のなかでヒトの多様性が増すなかで，「人種」は「概念」であり，「人種」思考を再生産しない児童生徒の育成，「人種」「民族」をどう教えるか，という点は喫緊の課題であるという。

(2) 乳幼児がESD実践に参画する意義

　その一方で，荻原[17]は，乳幼児からESD実践に参画する意義について，①乳幼児は五感の感受性が成人よりも鋭く豊かな時代であり，想像力や想像力，問題解決の能力などの芽を育む絶好の時期であり，根本的には豊かな人間性を培

う最も重要な基礎を形成する時代といえ，②乳幼児期に体験した自然環境への原体験は，その後の生活で感じ，考え，企画して生きていくうえで持続的な影響や効果をもたらすことであり，③ESDはたんに成人のみでなく，次世代の乳幼児についても明日の地球の社会・文化的環境，経済環境，そして自然環境を担う地球市民としての感性や思想や意識形成が持続的に機能することで，多文化共生やアンチ・バイアスや貧困や格差是正という問題解決にまで資することも証明されているという。

　では，幼保・初等教育・中等教育と連続する子どもたちの学習環境において，保育者はどのような態度を求められるだろうか。「幼保連携型認定こども園教育・保育要領」¹⁸⁾（2017）では，その総則第1において，「幼児期の終わりまでに育ってほしい10の姿」の1つに，「オ 社会生活との関わり」をあげ，「地域の身近な人と触れ合う中で，人との様々な関わり方に気付き（中略）地域に親しみをもつようになる。また幼保連携型認定こども園内外の様々な環境に関わる中で（中略）社会とのつながりを意識するようになる」とされ，第2においては，教育および保育の内容ならびに子育ての支援らに関する全体的な計画の作成などに係り，「教育と保育を一体的に提供するため，創意工夫を生かし，園児の心身の発達と幼保連携型認定こども園，家庭及び地域の実態に即応した適切な教育及び保育の内容並びに子育て支援等に関する全体的な計画を作成するものとする」とある。

　また，指導計画作成上の留意事項として，「ク（中略）活動の場面に応じて，園児の人権や園児一人一人の個人差等に配慮した適切な指導を行うようにすること。コ 園児の生活は，家庭を基盤として地域社会を通じて次第に広がりをもつものであることに留意し，（中略）生活が家庭や地域社会と連続性を保ちつつ展開されるようにするものとする」と示され，加えて「海外から帰国した園児」について「安心して自己を発揮できるよう配慮するなど個々の園児の実態に応じ，指導内容や指導方法の工夫を組織的かつ計画的に行うものとする」とある。

　環境領域に係る「内容の取扱い」に関しては，満1歳以上満3歳未満の園児においては，「(3) 地域の生活や季節の行事などに触れる際には，社会とのつなが

りや地域社会の文化への気づきにつながることが望ましいこと」，満3歳以上の園児においては，「(4) 文化や伝統に親しむ際には，(中略) 異なる文化に触れる活動に親しんだりすることを通じて，社会とのつながりの意識や国際理解の意識の芽生えなどが養われるようにすること」とある。

　上記を俯瞰してみると，「幼保連携型認定こども園 教育・保育要領」においては，「地域社会の実態に応じた」「地域に親しみ」「地域社会とのつながり・広がり」といった観点は繰り返し示されているものの，「多文化教育」に関連すると読み取れる記述は上段の環境領域に係る内容の取扱いにおける「異なる文化に触れる活動に親しむ」という一節のみである。小学校の教育指導要領 (2017) に「多文化共生」に係る記述が明記され，社会科や総合的な学習の時間において関連の授業が展開されていることを照らしてみると，幼児教育と初等教育の教育内容に隔たりがあることは指摘せざるを得ないだろう。保育者は，萩原が指摘する「乳幼児」に内在する感性が将来的に「地球の社会・文化的環境，経済環境，そして自然環境を担う地球市民としての感性や思想や意識形成が持続的に機能する」という観点から目を背けることなく，むしろ多感な幼少期にこそ，子どもたちの生活を通した体験的な場を繰り返し積み上げていくことが求められるのである。

本章の課題　「グローバリゼーション」の要素と現状について調べ，どうすれば多文化が共生する「持続可能な社会」へとつながるのかを考えてみよう。また，自分たちが住んでいる「地域」に目を向け，固有の歴史やそこに住んでいる人々の生活について多角的にリサーチし，教育や保育の視点から「多文化共生」へ向けたアクションプランを報告してみよう。

注
1) 松尾知明「日本における多文化教育の構築─教育のユニバーサルデザインに向けて」『社会科教育研究』No.116, 日本社会科教育学会, 2012年, 45-56頁
2) 岡健吾「民族教育機関としてのアイヌ文化学習拠点の可能性─北海道白老町『アイヌ民族博物館』の成立と展開より」『共生社会システム研究』第17巻, 2023年。
3) 阿部治「持続可能な開発のための教育 (ESD) の現状と課題」『環境教育』第19号2, 2009年, 27頁。
4) 岩本泰「ESDにおける『地域知』の位相」日本環境教育学会編『環境教育とESD』東洋館出版社, 2014年, 16-17頁。
5) 高野孝子「地域に根ざした教育の概観と考察─環境教育と野外教育の接合領域として」『環境教育』第23号2, 2013年, 27-37頁。
6) 土方圭「野外教育における『野外』概念の再解釈─風土を手がかりとして」『野外教育研究』第19

巻1号, 2016年, 14-26頁。

7) 前田和司「『場所に感応する野外教育』は何を目指すのか─『地域に根ざした野外教育』の理論化を見すえて」『野外教育研究』第19巻2号, 2016年, 1-13頁

8) 瀬川拓郎『アイヌと縄文：もうひとつの日本の歴史』筑摩書房, 2016年, 145頁

9) 上野昌之「多文化教育に関する学校カリキュラム編成についての考察─北海道釧路明輝高等学校の『アイヌ学』を中心に」日本学習社会学会『日本学習社会学会年報』第10号, 2014年, 88-96頁。

10) 上野昌之「北海道における地域教育の考察：阿寒湖畔の小中学校におけるアイヌ文化学習を中心に」『埼玉学園大学紀要 人間学部編』第18巻, 2018年, 273-280頁。

11) 新藤慶「アイヌ文化学習の論理と展望─北海道白糠町の事例を通して」『群馬大学教育実践研究』第35号, 2018年, 193-204頁。

12) 佐々木博司・田中美穂『チセのある学校─アイヌ文化を全校で』クルーズ, 2011年。

13) 島津礼子「先住民アイヌの知識・自然観と持続可能性─アイヌの口承文芸に焦点を当てて」『広島大学大学院教育学研究科紀要』第三部, 教育人間科学関連領域66号, 2017年, 69-77頁。

14) 前田和司「カヌークラブによる流域ネットワーク形成とその可能性」『スポーツ社会学研究』第6巻, 1998, pp.17-29

15) 前田和司・宮下桂・岡健吾・柏倉崇志「地域に根ざした野外教育プログラムの構築」北海道教育大学環境教育情報センター『環境教育研究』第6巻第2号, 2003年, 61-71頁。

16) 中山京子「今,『人種』『民族』を問う意義」『「人種」「民族」をどう教えるか─創られた概念の解体をめざして』明石書店, 2020年, 9-20頁。

17) 萩原元昭「子どもたちにとって今日なぜESDへの参画が必要か」『世界のESDと乳幼児期からの参画』北大路書房, 2020年, 8-9頁。

18) 内閣府・文部科学省・厚生労働省「幼保連携型認定こども園 教育・保育要領」平成29年3月告示, フレーベル館, 2017年, 4-30

第7章
文字を扱った幼児期の森林環境教育プログラムの可能性

■第1節■ 森林環境教育プログラムのなかで数・文字を扱うことの意義

　2023年3月の中央教育審議会答申では,「2040年以降の社会を見据えた持続可能な社会の創り手の育成」と「日本社会に根差したウェルビーイング」がコンセプトとして掲げられた。教育政策の目標「確かな学力の育成,幅広い知識と教養・専門的能力・職業実践力の育成」に向かって,個別最適な学びと協働的な学びの一体的充実・幼児教育の質の向上・学校段階間・学校と社会の接続の推進などが例示された。また,幼児の自発的な活動としての遊びを中心とした生活を通して,1人ひとりに応じた総合的な指導である「環境を通して行う教育」は,国立教育政策研究所の教育課程研究指定校の研究成果等から一定の評価を得ている。いっぽうで,社会状況の変化等による幼児の生活体験の不足などから,基本的な技能などが身についていないと指摘された。子どもの数量や図形,標識や文字などへの関心・感覚は,領域「環境」などで示されているように,日常生活のなかで,数量や文字などに接し,さまざまな事象に興味関心をもち,自分からかかわり,発見を楽しんだり,考えたりしながら生活に取り入れようとその役割に気づき,親しむ体験を通じて物の性質や数量,文字などに対する感覚が豊かに育まれる。数量や図形,標識や文字などへの関心・感覚は,領域「環境」のみで育まれるのではなく,保育活動全体を通して育まれることに留意する必要があるが,生活体験の不足を補う必要があるとされる。子どもが遊びや生活のなかで,身近にある数字や文字に興味や関心をもったり,物を数えることを楽しんだり,親しんだりする体験を重ねられるようにすることが必要なのである。

　小学校学習指導要領解説総則編(2017)には,新入生が,幼児教育から小学校教育へと円滑に移行することや幼児児童生徒に対する一貫性のある教育を相互に連携し協力しあって推進するという新たな発想や取組が必要との記述がある。また,3歳以上の幼児期の施設での教育を「幼児教育」と呼び,標準的な教育時

間の教育をすべての子どもに保障しており，教育的機能に関しては，保育所保育指針は，幼稚園教育要領との整合性を図りながら規定されている。そこでは，幼児教育と小学校以上の教育を「資質・能力によって，幼児教育と小学校以上の学校教育で育成される子どもの力を共通に表す」「知識・技能，思考力・判断力・表現力等，学びに向かう力・人間性等を基本とする」ことがポイントとなっている。また，「幼児教育」では，教科書のような主たる教材を用いず環境を通して行う教育を基本としていること，家庭との関係において緊密度が他校種と比べて高いこと，預かり保育や子育ての支援などの教育課程以外の活動が，多くの幼稚園等で実施されていることなどから，保育者が工夫して活動を計画するカリキュラム・マネジメントはきわめて重要である。

いっぽう，国土の3分の2が森林の日本では，ほとんどの園にとって森林が身近にあるはずだが活用は進んでいない。里地里山の利用は減少し，手入れが行き届かない森林の増加，薮や竹林の拡大が進んでいる。現代の生活では森林はほとんど活用されておらず，地域の持続可能な資源といった視点もほとんどされていない。しかし，森林には多くの機能，環境，物質生産，文化などがあるのでさまざまな体験活動ができる可能性がある。1992年には「環境教育指導資料（幼稚園・小学校編）」が文部科学省から出され，「環境の保全のための意欲の増進及び環境教育の推進に関する法律」(2003) では，持続可能な社会を構築するため，環境保全の意欲の増進及び環境教育の場として「森林」が例示され，「主体的・対話的で深い学び」を実現し，自然体験活動を通じて自然と向き合い日ごろ得られない気づきを得ることができる場所であるとされる。

森林環境教育プログラムで数・文字を扱うことによって，基本的な数概念，言語の発達とコミュニケーション，観察力の養成，直感的な数と量の理解，自然とのつながりや環境への意識を育てることで将来的に持続可能な行動を促進する土台を築くことなどが期待できる。プログラム内容は，幼児の興味や発達段階に合わせて工夫し，いかなるときも学びが楽しく意義深いものとなるよう心がけることが大切である。

■第2節■ 森林環境教育プログラムのなかで数・文字を扱う方法■■■■■■

(1) 子どもにとっての数・文字を扱う学び

　子どもにとっての数・文字を扱う学びは，言語感覚や数量感覚を身につけるために不可欠である。しかし，社会の変化とともに，日常生活において人とのかかわりのなかで言葉を使って伝え合ったり，生活のなかで数字を扱ったりする機会が減っている。たとえば，核家族化や地域の子供会の活動の衰退やIT機器の普及は，多様な人とコミュニケーションをとる機会を減らすという結果となっている。キャッシュレス化や，昔は当たり前のようにあった駄菓子屋や学校前の文具店の減少などは，生活のなかで数字を扱う機会を減らしているのである。

　そこで，保育者が計画した意図的な体験活動を行うことが大事になってくる。それは，遊びや生活を通して数・文字に対して慣れ親しみ，活用していくことによって，感覚をもてるようになったり，イメージをふくらませたりできるようになるからである。そのためには，生活体験や遊びのゴール（活動目標）の先に「数・文字に慣れ親しむ感覚を育てる目的」として「数量や図形，標識や文字などへの関心・感覚を育てるようにするという意図（意図的な目標）」をもって活動することが大切である（図7.1）。

(2) 意図的な体験活動とは

　子ども向けの森林環境教育プログラムでは，数・文字を扱う方法は遊び心にあふれたものになることが重要である。子どもの興味をひきつけ，遊びながら学ぶ環境を提供することが大切だ。そのうえで教育的な数量や図形，標識や文字などへの関心・感覚がもてるようにするという意図をもてるようにしたものが意図的な体験活動である。遊びや楽しみを通じて数・文字の概念を取り入れることが大切なのである。それは，子どもたちが自然と親しむなか

図7.1　意図的な目標をもった活動

で, 自然に対する興味や好奇心を刺激しながら学ぶ環境をつくり出すことである。以下に, 幼児向けの数・文字を意図的に扱う方法のいくつかを紹介する（図7.2）。

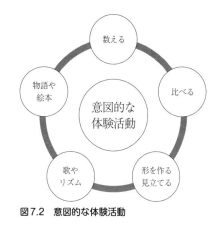

図7.2　意図的な体験活動

① **森林で見つけたものを数える**：森林で拾った葉や枝などの自然の素材を使って, 数字と実際の数を対応させながら, 一緒に唱えたり, 数当てをしたり, 楽しく数える。「1つ2つ3つ…」と一緒に数を数えながら並べたり, 指を折ったり, どんどん楽しく数える。

② **森林で見つけたものを比べる**：森林で拾った葉や枝などの自然の素材を使って, 大小を比べたり指と合わせたりする。「どっちが大きい」「おっきい順」「小さい順」など, ゲーム感覚で楽しく学べるのである。

③ **森林で見つけたもので形をつくる・見立てる**：葉っぱや枝などを使って数字や文字を形づくったり,「○○に見える」と見立てたりする。字の形が書いてあるカードを用意して形作りを楽しむことで, 123の算数字だけでなく, 一二三と漢数字にしたり, ⅠⅡⅢとローマ数字にしたり, ひらがなやカタカナなど, どんどん興味は広がる。いろいろなものの形に見立てることで楽しく学べるのである。

④ **森林で歌やリズムを楽しむ**：歌やリズムを取り入れたアクティビティを通じて, 数字や文字の概念を幼児に楽しく教えることができる。歌詞やリズムに数字や文字を組み込んだり, 動物や植物の名前を歌ったりすることで, 言葉や音楽を通じて学べるのである。

⑤ **語や絵本**：数・文字を含む豊かな言葉の物語や絵本の読み聞かせをすることで, 幼児の言語能力や興味を育てる。日本には四季があるので, 季節に合わせた歌や絵本を取り入れて遊ぶことで, 普段は気づかないこと

に気づいたり，感じていることを言葉にしやすくなったりすることで，子どもたちの「感性を広げる」ことができる。自然に関するテーマの絵本や，数字や文字が登場する楽しい物語を選んだり，紙芝居やエプロンシアターにしたりすることによって楽しく学べるのである。

(3) 森林環境教育プログラム立案のポイント

　私たちが感じる気温や風，日差しの強さなどは日々変化する。とくに日本には四季があるので，季節に合わせた自然の素材や歌，絵本を取り入れて遊ぶなど，環境を活かした「①事物事象に出会う」ことで，普段は気づかないことに気づいたり，感じたりしていることを言葉にしやすくなるであろう。それは，子どもたちが「②興味をもつ」ことができるということである。また，保育者が，子どもたちがたくさんのことにふれながら，小さいことにも気づき，成長できるよう一緒に遊んだり考えたり「③共に学ぶ」ことが大切であり，さらに「④共有する」ことで，新たな気づきを得たり，学びの意味づけができるのである。このような環境環境プログラムを取り入れた保育には，活動全体を通しての保育士の『言葉かけ』が必要であり，身近な大人である保育士が先頭に立って物事に興味をもち，見本となって物事のおもしろさや楽しさ，美しさを感じて楽しむ姿を見せながら言葉かけをすることで，子どもたちは保育士の姿を見て，まねをすることから始め，成長することができるのである。

　つまりは，意図的な森林環境教育プログラム立案のためには，「子どもたちが，①事物事象に出会い，②興味をもって，③学び，④共有する」流れのストーリーができるよう行うことが大切であると言える（図7.3）。

　また，それぞれの場面での言葉かけが活動を意図的にし，学びを支援し導くために重要な役割をすることになることから，言葉かけは，知識を問うのではなく事物事象（環境）とかかわりながら活動するきっかけとなるように意識して行う必要がある（表7.1）。

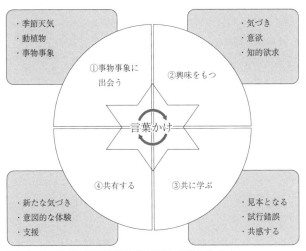

図7.3 意図的な森林環境教育プログラム立案のポイント

表7.1 言葉かけ例

事物事象に出会い	興味をもって	共に学ぶ
●興味・関心を引き出すように ●発見の芽と観察の眼を育むように	●五感を研ぎ澄まし，活動できるように ●思考・探索意欲を促すように	●振り返る・言葉の表現力を高めるように ●共有（シェア）できるように
数・文字に慣れ親しみ感覚を育てる意図的な目標をもつ		
＊これちょっと見て・聞いて・触って・嗅いで・（食べて）みて ＊なにか，かわったかな ＊いくつあるかな ＊何に見えるかな ＊何番目かな ＊何人いるかな	＊違いは何かな ＊同じ，似てることあるかな，違うところあるかな ＊友だちと比べてみよう ＊どうしてかな ＊昨日と違う ＊明日はどうなるかな？	＊よく見て伝えよう ＊一緒に，数えてみよう・分けてみよう ＊何に見えるかな ＊気持ちを伝えよう ＊一緒に考えてみよう ＊どんな感じだったかな ＊はじめと違った・変わったことあるかな

第3節 数・文字を扱う森林環境教育プログラムの実際

　本節では，「園庭でもできる活動」と「森林での活動」の実践事例について紹介する。

(1) 園庭でもできる活動

① 文字, 数, 形 (比較, 分類とパターン, 数詞, 大きさを表す言葉)	
アクティビティ名	森の宝物ビンゴ
ねらい	同じものを探すことで, 多様な視点をもてるようにする。
概観	「宝ものカード」に書かれているものを自然のなかから探してくる。簡単に楽しく, 落ち葉や木の実, 花など, フィールドにある自然と出会い, 多様な視点で見ることができる。
準備物	宝物カード (できれば写真つきがよい。個人もちも検討)
進め方	①宝物リストを見せ, 森のなかで見つけることを伝える。 ②宝物リストにある宝を見つけたら「宝を見つけた!」と大きな声で言うこととする。 ③「宝を見つけた!」の声が聞こえたら, 声のもとに集まり見つけた子どもに宝のこと聞くようにする。 ④ある程度探せたら, 選んだものを紹介したり, 比べたりしながら, 感想を共有する。
言葉かけのヒント	・はじめに, 子どもたちの宝物について聞くことで「宝を探す」活動にスムーズに入れる。 ・「大きい」「長い」「小さい」など, 比較する活動を促す言葉を意識して声かけをすることが重要である。 ・「今はどんなきもち」「どの宝物が一番見つかったかな」「友だちと比べてみよう」など, 仲間と話し合うきっかけとなる言葉かけがあるとよい。
実践上の留意点	・文字の習得のために宝物カードリストにイラストとひらがなで表示するとよい。 ・発達段階に合わせて探すものの難易度を考えて宝物カードリストを作成する。(はじめは, 1枚のカードに1つ) ・宝ものをゲットするたびに, 「(^o^)」などのマークをつけてあげるとクリア感や楽しさが増える。 ・1人で探せない子には, ペアをつくったり保育者が一緒に探すなどの支援を行う。
()	いつも遊んでいる園庭で「森の宝物ビンゴ」を子どもたちと一緒に行ってみた。まずは宝物カードづくりです。「色」探しでは, 緑色の葉っぱなどすぐに見つかりそうなものと, 紫色のナスの花, 緑のドングリなどよく観察しないと見つからなさそうなものを宝ものリストに入れてみた。また, 家庭に帰って, 家族と楽しさやおもしろさをシェアすることで家庭内の楽しい会話を増

指導者の感想	やすことを狙いの1つに、家に持って帰って家族に見せたいと子どもたちが思えるカードをつくった。カードごとにオリジナルのイラストを手書きしたり、カードの裏に「いまのきもちは？」とイラストで子どもの感想をインタビューする項目も入れたえたりした。活動の前に子どもたちにカードを見せると、「かわいい！」と興味が湧いているのを感じることができた。そして、1人に1枚ずつカードを配り、「園庭には、どんぐりなど宝ものがいっぱい落ちているよ。見つかったら教えに来てね」と簡単なルールを説明してスタートした。子どもたちは、「いいにおいがするもの」「どんぐり」「大きい落ち葉」とがんばってカードを読み上げて探し始めていました。「先生、この葉っぱはいい匂いがするよ」と嬉しそうに何人もが教えに来ました。よく見るとミントの葉っぱ、三つ葉などみんなそれぞれ違っていた。お互いの宝ものを嗅ぎ合うと、「本当だ。Aちゃんの葉っぱはいい匂いだ」と思う子もいれば、「いや、匂いがあまりしないよ。」と言う子もいた。「みんながいい匂いと思うものをいくつあったかな」と数えてみると、「いい匂いがするもの、園庭に四つあったね！」と返してきた子がいた。その後、「冷たいものは日陰、自分の腕、草、水、4つがあった！」「トゲトゲのものは木の枝、草、2つあったよ」「大きい葉っぱが1枚あった！」と次々と見つけることができた。最後に「今のきもちは？」と聞くと、「楽しい！」と全員が答えていた。 　このように、このアクティビティでは子どもたちは文字や数に自然と触れ、遊び慣れた園庭の環境でも不思議な発見や気づきを獲得できると感じた。

② 形，数，大きさ（比較，図形，分類とパターン，数詞，形を表す言葉）

アクティビティ名	かたちさんぽ
ねらい	ものの形を比べながら意識することができる。
概　観	色画用紙で○，□，△，☆，（葉っぱ型）などの形をつくり、同じ形のものをさがす。このアクティビティを通して、自然物と人工物の双方に対して、形と色についての多様な視点で見ることができる。
準備物	葉っぱ型（穴あけパンチで穴をあけておく），毛糸
進め方	①色画用紙でつくった形カードを1枚，あけた穴に毛糸などを通してネックレスのようにする。 ②散歩をしながら、同じ形を見つけ「みーつけた！」といいながら見せ合ったり、比べたりしながらシェアする。 ③慣れてきたら、形カードを順に増やす。 ④同じ形カードでも違うものを見つけたり、何種類も見つけたりしたことをシェアしながら、楽しく探す。

言葉かけの ヒント	・「1つ2つ3つ」と数える活動を促す言葉かけのあと，三角形，四角形など，数によって分類された図形の言葉を意識して使って関連づけされるように。 ・形カードと同じと見つけたものは，どんなところが同じだったのか言えるように。 ・「形は何種類があったかな」「同じ形のものは何個見つかったかな」など，数に触れる活動につながるようにする。 ・振り返りに「いくつ見つかった」「どんな形が多かったかな」「どんな図形が少なかったかな」などと，友だち同士で確認しあえるように。
実践上の 留意点	・自然物と人工物に関係なく，実践するフィールドにありそうな形を選んで形カードを作成する。 ・つくる前に子どもの探したい形を聞くことも有効である。 ・見つかったものに実際に触れたり，嗅いだりすることが大事である。 ・1人で探せない子には，ペアをつくったり保育者が一緒に探すなどの支援を行う。 ・1枚の形カードに，複数の同じ形が見つかるように促し，多様な見方があることに気づく。
指導者の 感想	形カード（〇，□，△，☆，葉っぱ型など）をネックレスにしてわたすと，「かわいい！丸，三角，四角…6個あったよ」とすぐに数えはじめた子どももいた。「似ている形は何かな」「まず丸の形と同じものを探してごらん」と声かけると，「ボール」「泥団子」とすぐに見せにきた。「丸いものは2個見つかったね」と自分で数える子もいた。 　やり方がわかったあとは，園庭を自由に歩き回り，さまざまなものを形カードと比べた。「三角のものは石しか見つからなかった」「四角のものはテーブル，スコップ，柵，三つあった」「葉っぱの形のものはいっぱいあったよ」と次々と形を発見して数えることもできた。 　最後にみんなで感想や気がついたことを話し合い，「葉っぱの形のものは一番多かった」「三角のものと星形のものはあまりなかった」など気づいたことをシェアした。 　このアクティビティを行ったことで，活動後の普段の日常的な遊びでも，子どもたちは自然と図形のことを意識して遊ぶようになったと感じた。

③ 数（分類とパターン，数詞，色）

アクティ ビティ名	花びらいくつ
ねらい	花びらの数を数えることで数字に親しむ。
概　観	森や野原にある花の花びらを数えることによって，種類によって花びらに違いがあることや，同じ種類でも花びらの数に違いがあることなどに気づくとともに，数字に親しむことができる。
準備物	花，数えた花びらを貼る画用紙，のり，カラーペン， 数字カード（算数字と数字の数分の〇，読み方がひらがなで書いてあるもの）

進め方	①花を見つけ，花びらの数を数える。 ②「1まい，2まい…」と数えながら指をさす。 ③花びらを1枚ずつ画用紙に貼る。(実態に合わせる) ④みんなの数えた花びらの数を共有して，同じだったり，違ったり（多い，少ない）を比較する。 ⑤数字カードを使って数ごとに集め，植物の種類による違いにも，気がつけるようにする。(実態に合わせる)
声かけの ヒント	・「同じ種類の花は花びらの数が全部同じか」「違う種類の花は花びらが違うか」など，いろいろ数えて比べる楽しさを感じられるように。 ・振り返りに「どの花の花びらの数が一番多かったか」「どの花が一番好きなのか」を友だちとシェアできるように。
実践上の 留意点	・花を使った色水づくりや草木染めなど，関連した体験を同時期に行い，花に興味・関心をもてるようにする。 ・できるだけ花の種類が多いフィールドで実践する。 ・実態に合わせて一緒に声を出して数える。 ・花の名前は，子どもと一緒に図鑑などで調べる。 ・触ったり嗅いだりもできるようにする。 ・活動終了後，数えた花の花びらを色画用紙に貼って飾ったり，押し花にして遊ぶとなおよい。
指導者の 感想	「花の花びらは何枚あるのかを数えてみない」と声かけると，「1, 2, 3, 4, 5, この花は花びら5枚があったよ」とすぐに数え始めた。「じゃあ，同じ種類の花は花びらの数が全部一緒かな」と声かけると，「花びらの数が全部同じ花と，違う花の両方あったよ」と答えが返ってきた。集めた花の花びらを数え終わると，「たんぽぽとマリーゴールドの花びらは多くて数え切れなかった」「花は種類によって花びらの数が違う」といろいろな視点で数を数えていた。数えた花の花びらを1つずつ画用紙に貼ると，「園庭の花は13種類があったね」「僕はこの花が好き」と興味は広がり，知らなかった名前の花は図鑑などで自分で調べた。また，「この花は甘い匂いがするが，その花はちょっと臭い匂いがするよ」「同じ種類の花でも色が色々あるんだ」と花びらの数のことだけでなく，花に触れたり実際に嗅いだりすることで身近な花の面白さや不思議さを感じ取る機会ともなっていた。

---

④ 数 （長さ，重さ，大きさ，単位，比較，数詞）	
アクティ ビティ名	どっちがおおきい
ねらい	物の大きさや重さを比べて楽しむ。

概　観	同じに見えるドングリや松ぼっくりなどを，いろいろな方法で直接比較することによって，比べ方にはいろいろあることを知る。
準備物	ドングリや松ぼっくりなど，定規（123の数字表記つき），紙コップなどを使った簡易天秤，電子秤
進め方	①1人複数個のドングリなどをいろいろな方法で比べる。 　（はじめは2個，慣れてきたら増やす。） ②どうやって比べたかを伝え合い共有する。 ③共有したいろいろな比べ方をしてみる。 　（縦の長さ－背比べ，重さ－体重比べなど，身近な言葉で比べ方を表現する）
声かけのヒント	・背比べや体重比べなど身近な言葉で比べ方を表す。 ・グラム，倍などの言葉を意識的に使いながら比べる。 ・一緒に重さを表す数字を読み上げる。
実践上の留意点	・違うサイズのもの，同じサイズのもの，近いサイズのものを複数用意して比べ方を工夫したくなるようにする。 ・直接比較だけでなく，1つものを決めて○個分と計る間接比較や，手づくりの紙コップ簡易天秤や電子はかりなど，いろいろなはかり方を体験できるようにする。 ・保育環境に定規や体重計などを置く。
指導者の感想	「いろいろなものを比べてみよう」と長さだけでなく重さについてもいろいろな方法で比べられた。「身の回りにあるものなら全部測っていいよ」と電子はかりでもいろいろ計った。「泥団子は37グラムだ」「バスケットボールは535グラムだ，重い」とグラムという単位を使っていた。収穫した大きさの違うじゃがいもでは，「この大きいじゃがいもは531グラムだ。さっきの小さいじゃがいもの五倍ぐらいだね」と倍という言葉も使っていた。このアクティビティをきっかけに，子どもたちは今まであまり使わなかったグラムや倍などの言葉を理解し使うようになった。そして，身の回りのものの重さ，大きさ，長さへの興味・関心がより深まったと感じた。

⑤ 色，数（分類とパターン，言葉，数詞）	
アクティビティ名	森の色あわせ
ねらい	自然の色はさまざまだと気づき，自然への関心が高まる。
概　観	色カードと同じ色や似ている色を探すことで，自然にあふれるさまざまな色の存在に気づき，注意深く観察するなど関心が高まる。また，数多く探すことで数字の感覚に親しむ。

準備物	1枚に1色の色カード，3色や5色の色カード （画用紙を切ったり，印刷したりしておく）
進め方	①森や公園を散策しながら，いろいろな色があることを知る。 　持っている色カード（はじめは色）と同じ色や似ている色のものを数多く探す。 ②複数色のカードで何色，何種類みつけることができるか，個人またはグループで競い合いながら探す。
声かけの ヒント	・子どもたちの好きな色を聞くことから導入する。 ・「どんな色が一番多いかな」など花の色の種類や特徴への観察や思考につながる声かけ。 ・「何色が見つかったか」「同じ色に何種類が見つかったか」を友だちとシェアできるように。
実践上の 留意点	・色は人によって捉え方が異なるので，見つけてきた色の正確さや真偽を追求しないように配慮する。 ・見つかったものに実際に触れたり嗅いだりする。 ・進め方②では，鉛筆で見つかった色をチェックしながら探すとよりスムーズに進める。（実態に合わせる）
指導者の 感想	園庭で，「色合わせ遊びをやるよ」と声かけると「やってみたい」と興味津々に集まってきた。まずは人気な黄色やピンク色からグループごとで探してみた。「お花の色は色々あるね」「ピンクのお花は三つ見つかった」「五つの色の花を見つけたよ」と自分の持っている色カードを花壇の花と比べて数えていた。次は緑色合わせをした。緑はたくさんあるが少しの違いに気がついて「同じ緑でも明るい緑と暗い緑があるんだ」「この2つの葉っぱは色が同じだけど，形と触った感じが違うよ。こっちのほうが大きくてつるつる」とじっくり観察していた。その後青色カードを出すと，「水の色だ」「空の色だ」「花の色だ」と次々と言葉で表現していた。次は茶色カードを出すと，「茶色の木が多い」「茶色の石もあったよ」と身の回りに茶色のものもいっぱいあることに気づいた。「1，2，3，4，5，僕，5個見つかったよ」と数えながら，誇らしげに教えにきていた。「その葉っぱとこの葉っぱは色が似ている！」「僕はこっちのほうが似ていると思う」と仲間と意見交換したり，「この色のものは知っているよ，一緒に探しに行こう」と互いに助け合ったり，「あった」と仲間と喜びや感動をわかりあったりすることで，人とかかわる楽しさも味わっていた。 　最後にみんなで一緒に「何色が見つかったか」「同じ色に何種類が見つかったか」をシェアした。「楽しかった」「また別の色でやってみたい」と興味が続

	き, 色に関しての興味・関心がより深まったと感じた。

(2) 森林での活動紹介

① **数, 形, 言葉**	
アクティ ビティ名	じゃんけん落ち葉集め
ねらい	集めた葉っぱの枚数を数えることで, 数に親しむ。
概 観	じゃんけんで勝った人は, 落ち葉を拾うことができるルールで制限時間内に相手を変えて何枚集められるか競うことで, 数に親しむ。
準備物	特になし
進め方	①2人ずつじゃんけんをする。 　じゃんけんで勝った人は, 落ち葉を拾うことができる。 　負けた人は拾えない。 ②制限時間内で相手を変えて, じゃんけんを繰り返す。 ③集合し, 持っている葉っぱの枚数を数える。葉っぱを見せ合いながら形や色, 特徴が1枚1枚違うことを話し合う。

② **言葉, ものの見方**	
アクティ ビティ名	森のキャッチフレーズ
ねらい	ものの特徴を大きく捉え, 一言で表すことで見方を養う。
概 観	木や草の特徴を捉え, 言葉で表す活動を通して, 物の特徴の捉え方や言葉との関連について知る。
準備物	特になし
進め方	①周りの木を見ながら木への関心を高める。 ②まず, 保育士が自身で選んだ木のキャッチフレーズを伝えて, どの木なのか当ててもらう。 ③参加者がそれぞれキャッチフレーズをつける木を探し, キャッチフレーズを考える。(グループでも可) ④集合して, 順番に発表して当ててもらう。 ⑤全員が終わったところで, 木のどんなところをキャッチフレーズにしたのか共有する。

③ **言葉, 表現**	
アクティ ビティ名	森の美術館

ねらい	自然のなかからお気に入りを切り取ることで，観察力を養う。
概　観	自然のなかに額縁を置き，みんなで鑑賞し自然の美しさを分かち合うことを通して，観察力を養う。
準備物	額縁（厚紙を□や○，△に切り抜いたもの），洗濯ばさみ
進め方	①自然のなかのきれいなものやおもしろいものを見つけにいく。 ②見つけたものをひもや洗濯ばさみを使って額縁のなかにおさめる。保育士はタイトルを聞いて一緒に付ける。 ②額縁のセットが終わったら集合し，みんなの作品を見て回る。 ③自分の作品のタイトルや特徴を発表する。 ※自然の様子，風景に額縁を合わせる。意図的に採取したり，折ったりして作品づくりはできない。

4 見方, 表現

アクティビティ名	木のシルエット（ジェスチャーゲーム）
ねらい	ものの特徴を大きく捉え，体で表すことで見方を養う。
概　観	木や草の特徴を捉え，体で表す活動を通して，物の特徴の捉え方や体を使っての表現について知る。
準備物	特になし
進め方	②周りの木を見ながら木への関心を高める。 ②まず，保育士が自身で選んだ木のシルエットを演じてみせ，どの木なのか参加者に当ててもらう。 ③参加者がそれぞれシルエットを演じる木を練習する。 　（グループで演じても可） ③集合して，順番に演じて，ほかの参加者に当ててもらう。 ⑤全員が終わったところで，木のどんなところを強調したのか，木になっているときの気持ちなどを伝え合う。

5 数, 生きる

アクティビティ名	ねんりん
ねらい	長い間かかかって大きくなった木に畏敬の念を感じるとともに，数の大きさの感覚に親しむ。
概　観	切り株や切り落とされた年輪の数を数えて比べることで，数に関する感覚を育む。
準備物	切り株のある場所，丸太切りした木，年輪のイラスト

進め方	①年輪について知り, 1年に1本線ができることを知る。 ②年輪を数える。(指でさしながら数える) 　※同じような太さの木の樹齢も推測することもできる。 ③木同士の樹齢を比べたり, 自分や身近な人の年齢と比べたりする。(○○さんと同じ, ○○さんの倍など…)

6 表現

アクティビティ名	森のこすり絵 (樹拓とり)
ねらい	木の模様を視覚で捉え, 特徴をつかむことができる。
概 観	木の模様を紙に写しとることで, 色以外のデコボコした模様や手触りを感じる。また, 同じ木でも, 樹齢 (太さ) が違うと木の皮の表情が違うことに気づくことができる
準備物	2分の1に切った半紙, クレヨン
進め方	①樹拓の採取方法・注意事項を説明する。 　・実施範囲を確認する。 　・終了時間を確認する。 ②それぞれが気に入った木を探す。 ③木に半紙を当てて, 上から力を加減しながら鉛筆, 色鉛筆, クレヨンなどでこすり, 樹拓をとる。 ④次に樹齢 (太さ) の違う・同じ種類の木を見つけて, 同じように樹拓をとる。 ④樹拓を比べ, 木の種類や樹齢によって, 木の皮の表情が違うことを話し合う。

7 言葉, 歌, 数

アクティビティ名	森の数え歌
ねらい	見つけたものを数え歌にすることで, 数の大きさや順序に気づく。
概 観	散歩しながら自分たちが発見したもので数え歌をつくって唱えて楽しむ。
準備物	数字の1〜10とその個数の○がそれぞれ書いてあるカードを10枚。 『すうじのうた (数字の歌)』を確認しておく。1から10までの各番の最後には, 三拍分の余白あるので, 二拍の鳴き声や擬音など, 自由な発想で付け加えられるように準備しておく。 「数字の○は, なあに」「○○の○○」「○○」 次の例を参考にして紹介する。
	①森で, 1から10のものを探す。形が数字に似ていても, 物の部分の個数でも, ダジャレでもいいことにする。 ②次の例を参考にして提示するのもよい。

進め方	1：森の大きな木。「ズンズン」 2：小鳥の足よ。「ピヨピヨ」 3：クローバーのはっぱ。「ニョキニョキ」 4：シカの足よ。「キャーキャー」 5：ゴロゴロ昼寝。「スヤスヤ」 6：でんでんむしのさんぽ。「のこのこ」 7：夜空のななつ星。「キラキラ」 8：ハチに気を付けて。「ブンブン」 9：虫メガネ。「ズームズーム」 10：大きな木とわたし（頭の上で輪）。「ワイワイ」 ③実物を見せたりジェスチャーをしたりしながら歌う。

第4節　数・文字を扱う森林環境教育プログラムの未来

　森林環境教育プログラムは，森林での活動と森林の役割や意義について学ぶことで森林への理解と関心を高めるとともに，子どもの学ぶ意欲を引き出し，基本的な数概念，言語の発達とコミュニケーション，観察力の養成，直感的な数と量の理解，自然とのつながりや環境への意識を育てることで将来的に持続可能な行動を促進する土台を築くことなどが期待できるものである。現代に生きる子どもたちにとっての未来を見据え，「森林」と「子どもたち」にとって効果的な森林環境教育プログラムをデザインするためのポイントについて考える。

（1）自然保育との親和性

　まずは，保育者がどんな価値観に基づいて遊び場の環境づくりを行っているかが大事である。"園において野外で遊ぶことに重点がおかれているか""多様な遊びができるような遊び場かどうか"といった自然保育を掲げている幼稚園や保育所では，当たり前の環境として「遊びの可能性」が生じるからである。遊具がたくさんあったり，整備されたりしていることは美しく見えるが，遊び方は制限されてしまっているとも考えられる。時間が決まっている，片付ける，原状回復する等々も含めた遊びの環境の違いによって遊びの内容の深さや広さ，創造性の豊かさなどに違いが出てくる。同じ遊びを気が済むまでしたり，さらに違った遊びに発展させたりする状況をつくり出すことが，森林環境教育プロ

グラムデザインのための環境を整えたことになる。これらのことから，幼児期の子どもを対象に，屋外での遊びや運動を中心にさまざまな体験を深め，知力と体力も同時に高めることができるとされる保育・幼児教育である自然保育との親和性は高いといえる。

(2) パッケージプログラム化

「数量や図形，標識や文字などへの関心・感覚」だとわかるような言葉を無理に使わないで（無理にやると発達とかけ離れるから）言葉かけが必要である。しかし，毎日の活動に対してすべてに計画を立てることは時間的にみてもむずかしい。そこで，それぞれの活動ごとに必要な内容が1つにまとめられ，フィールドで効率よく活動が展開できるように組み立てられているパッケージプログラム化が必要になってくる。活動のねらいや概要・準備するべきもの・活動の手順・「まとめ」での必要なポイントを整理して使えるようにすることが求められている。

(3) 子どもと保育者の経験不足

対象となる子どもたちだけでなく，中教審答申「子どもを取り巻く環境の変化を踏まえた今後の幼児教育の在り方について」(2005) では，「幅広い生活体験や自然体験を十分に積むことなく教員等になっている」と保育士の経験不足も指摘されている。保育者研修を充実させるとともに，地域の実践者の活動づくりについても検討を続ける必要がある。

本章の課題 グループを複数つくり，1つのグループが1つのアクティビティを選んで「目的・場面・状況」を設定してほかのグループに対し「ピア・ティーチング (peer teaching)」することで学習者が互いに協力して学び，学びの過程を共有しよう。また，すでに行われているアクティビティの言葉かけなどをアレンジして「数，文字を扱う」アクティビティをつくってみよう。

第8章
ESD実現をめざした環境構成のポイント

これまでの章を通して，持続可能な社会を担う幼児期のESDの理論とさまざまな実践について学んできた。

幼稚園教育要領の前文では，「4 生命を尊び，自然を大切にし，環境の保全に寄与する態度を養うこと」「幼児期の教育については，(中略) 生涯にわたる人格形成の基礎を培う良好な環境の整備その他適当な方法によって，その振興につとめなければならない」「これからの幼稚園には，(中略) 一人一人の幼児が，将来，自分のよさや可能性を認識するとともに，あらゆる他者を価値のある存在として尊重し，多様な人々と協働しながらさまざまな社会的変化を乗り越え，持続可能な社会の創り手となることができるようにするための基礎を培うことが求められる」「幼児の自発的な活動としてのあそびを生み出すために必要な環境を整え，一人一人の資質・能力を育んでいくことは，教職員をはじめとする幼稚園関係者はもとより，家庭や地域の人々も含め，さまざまな立場から幼児や幼稚園にかかわる全ての大人に期待される役割である」とあり，第1章総則第1 幼稚園教育の基本では，「その際，教師は，幼児の主体的な活動が確保されるよう幼児一人一人の行動の理解と予想に基づき，計画的に環境を構成しなければならない。この場合において，教師は幼児と人とものとのかかわりが重要であることを踏まえ，教材を工夫し，物的・空間的環境を構成しなければならない」とある。

以上のように，これからの幼児期の教育においては，生命や自然を大切にし，環境の保全に寄与する態度を育むなど，持続可能な社会の創り手となる基礎を培い，そのための良好な環境の整備や必要な環境を整えることが，保育者をはじめすべての大人の役割である。また幼児の主体的な活動が確保されるよう，計画的に物的，空間的環境の構成が必要であると語られている。

では幼児期のESDの実現に向けて，園ではどのような環境を整備し，環境の構成を考えたらよいのか，本章ではその大切さや手法についてみていきたい。

　子どもにとって「環境」とはどのような意味をなすものだろうか。幼稚園教育要領（文部科学省，平成29年），保育所保育指針（厚生労働省，平成29年），幼保連携型認定こども園教育・保育要領（内閣府・文部科学省・厚生労働省，平成29年）の記載内容を確認しよう。

【幼稚園教育要領】
第1章　総則
第1　幼稚園教育の基本
　幼児期の教育は，生涯にわたる人格形成の基礎を培う重要なものであり，<u>幼稚園教育は学校教育法に規定する目的及び目標を達成するため，幼児期の特性を踏まえ，環境を通して行うものであることを基本とする</u>。

【保育所保育指針】
第1章　総則
1　保育所保育に関する基本原則
　（1）　保育所の役割
　イ　保育所は，その目的を達成するために，保育に関する専門性を有する職員が，家庭との緊密な連携の下に，子どもの状況や発達過程を踏まえ，<u>保育所における環境を通して，養護及び教育を一体的に行うことを特性</u>としている。

【幼保連携型認定こども園教育・保育要領】
第1章　総則
第1　幼保連携型認定こども園における教育及び保育の基本及び目標等
1　幼保連携型認定こども園における教育及び保育の基本
　乳幼児の教育及び保育は，子どもの健全な心身の発達を図りつつ生涯にわたる人格形成の基礎を培う重要なものであり，<u>幼保連携型認定こども園における教育及び保育は，(中略) 乳幼児期全体を通して，その特性及び保護者や地域の実態を踏まえ，環境を通して行うものであることを基本</u>とし，家庭や地域での生活を含めた園児の生活全体が豊かなものとなるように努めなければならない。

　上記のように，幼稚園・保育所・認定こども園における「幼児期の教育・保育は環境を通して行うことを基本」としている。子どもたちは人的環境（ひと，社会）・物的環境（もの，空間，自然）など，周囲にあるさまざまな環境とかかわ

りながら成長していくのである。

　また，環境は5領域の1つでもあり，領域「環境」は，幼児の発達の側面から，身近な環境とのかかわりに関する領域とされている。それは，子どもの発達を環境とのかかわりから捉える視点である。その視点として，「周囲の様々な環境に好奇心や探究心をもってかかわり，それらを生活に取り入れていこうとする力を養う」と示されている。子どもたちは，周囲にあるさまざまな環境とかかわるのであるが，そこに好奇心・探求心をもってかかわることが大切であり，子どもたちの興味関心，好奇心，探求心を促すような，たとえば，触ってみたい，これってどうなっているのだろうという，おもしろがる，不思議がるような環境が，園のなかに存在すること，環境構成されることが大切なのである。

　幼稚園教育要領の領域「環境」の「1．ねらい」をみると，身近な環境とのかかわりのなかでも，自然の存在の大切さが明示され，興味や関心につながるとあり，またそうした環境に子どもが主体的にかかわることで，さらなる気づきが生まれるとある。また環境とのかかわりのなかで，物の性質，数，文字などに対する感覚の豊かさにもふれられている。

1．ねらい
(1) 身近な環境に親しみ，自然と触れ合う中で様々な事象に興味や関心をもつ。
(2) 身近な環境に自分からかかわり，発見を楽しんだり，考えたりし，それを生活に取り入れようとする。
(3) 身近な事象を見たり，考えたり，扱ったりする中で，物の性質や数量，文字などに対する感覚を豊かにする。

　つぎに，領域「環境」の「2．内容」をみていくと，自然，物，生活，事象，文化，伝統，遊具，数量，図形，標識，文字，情報，施設，国旗などさまざま子どもたちがふれうる環境の内容が示されている。なかでも自然や動植物は(1)(3)(4)(5)と4項目でふれられており，領域「環境」のなかで自然とのかかわりの重要さが示されている。子どもたちはこのような環境とかかわり合いながら，気づきや関心，いたわりや工夫など，心情・意欲・態度を育んでいくのである。

　また，内容 (1) ～ (11) に「身近な」「生活」のいずれかの言葉が入っているように，領域「環境」は，子どもたちの「身近な」「生活」のなかで環境とかかわる機会の大切さが示されていることがわかる。自然とかかわりの深い領域であり，園舎内 (室内)，園庭，そして園外 (おさんぽ) で，いかに自然や環境との出会いがあるか，そのための環境があるかが重要となってくる。

　さらに，領域「環境」の「3．内容の取扱い」では，幼児が遊びのなかで環境とかかわるなかで，好奇心，探求心を育む過程，自然と直接ふれる体験の機会を通して，自然とのかかわりを深めることができるような工夫，伝統的な行事や遊び，異なる文化や社会とのつながり，日常生活での必要感を通した数量や文字などとのかかわりなど機会の大切さを言及している。

(2) 幼児期において自然のもつ意味は大きく，自然の大きさ，美しさ，不思議さなどに直接触れる体験を通して，幼児の心が安らぎ，豊かな感情，好奇心，思考力，表現力の基礎が培われることを踏まえ，幼児が自然との関わりを深めることができるよう工夫すること。

(3) 身近な事象や動植物に対する感動を伝え合い，共感し合うことなどを通して自分から関わろうとする意欲を育てるとともに，様々な関わり方を通してそれらに対する親しみや畏敬の念，生命を大切にする気持ち，公共心，探究心などが養われるようにすること。

(4) 文化や伝統に親しむ際には，正月や節句など我が国の伝統的な行事，国歌，唱歌，わらべうたや我が国の伝統的な遊びに親しんだり，異なる文化に触れる活動に親しんだりすることを通じて，社会とのつながりの意識や国際理解の意識の芽生えなどが養われるようにすること。

(5) 数量や文字などに関しては，日常生活の中で幼児自身の必要感に基づく体験を大切にし，数量や文字などに関する興味や関心，感覚が養われるようにすること。

　子どもたちが普段の園生活の遊びや生活のなかで，周囲の環境（自然，もの，ひと，社会など）に直接ふれる体験の機会が大切であり，多様な環境を設けていくことが求められている。

第2節　いまある環境をどう園活動に活用するか

　子どもたちが園生活で実際にふれるさまざまな環境には，どのような環境がありどう活用するのか。いまある環境とそこでのあそびの姿を把握してみよう。

　子どもたちが日常的にふれる空間的環境としては，①園舎内の環境，②園庭の環境（以上，園内の環境），③園外の環境に分かれる。これらを順にみていくこととする。

　園内の環境は，幼稚園では「幼稚園設置基準」や保育所では「児童福祉施設の設備及び運営に関する基準」により基準（面積基準など）が定められている。また，幼稚園では「幼稚園施設整備指針」により望ましい園の環境デザインの指針が出されており，「幼稚園施設整備」の基本的方針として，「1　自然や人，ものとの触れ合いのなかで遊びを通した柔軟な指導が展開できる環境の整備，2　健康で安全に過ごせる豊かな施設環境の確保，3　地域との連携や周辺環境と

図8.1　主体的対話的で深い学び　　　　　　　図8.2　「やりたい」気持ちがわき起こる環境

の調和に配慮した施設の整備」が示されている。子どもの主体的な活動の機会と健康と安全が保障され，地域の自然や文化性を生かした園環境が求められている。

　宮里（2018）は，子どもの主体的な活動を保障する環境を「やりたい！」が発揮される環境とし，まず環境との出合いから「主体的対話的で深い学び」へつながる5つのプロセスを提示している（図8.1）。「［何だろう？］注視・驚き」から始まり，「［ふれてみる］感触・感覚」を楽しみ，「［面白い！］愛着・親しみ」を実感し，「［試す］気づき・探索」につながり，そして他者へ「［理解を求める］対話・探究」に至る。そして，そこには「やりたい」気持ちがわき起こる環境として，「素材」「自然」「道具」「仲間」の4つの環境を示している（図8.2）。

　以下に，園環境や環境構成のあり方を検討していきたい。

① 園舎内の環境

　園舎内には，どのような環境があるだろう。子どもたちの生活の中心となる保育室，また集団あそびの拠点である遊戯室（ホール），玄関，廊下，テラス，階段などの中間領域，そして食事の場のランチルーム，絵本室や絵本コーナー，トイレなどの空間が存在する。

　「保育所保育指針」では保育の環境のなかで，「保育室は，温かな親しみとくつろぎの場となるとともに，生き生きとした活動できる場」であることが求められている。保育室をはじめ，そのほかの部屋においても，子どもたちが長時間過ごす場所として，園内が居心地よい空間であることが望ましい。

居心地よい園の空間として，子どもたちが「主体的に活動」できる環境と子どもたちが「くつろぐ」ことができる環境がともにあることが大切である。

子どもたちが「主体的に活動」できる環境としては，○○してみたい：やってみたい，挑戦してみたい，と子どもたちが思い，各々がまたは一緒に，遊びこめる活動の環境であってほしい。

また，子どもたちが「くつろぐ」ことができる環境としては，からだや気持ちを委ねてみたい，休む，腰かける，寝ころぶ等々といった安らぎの活動（午睡，ゆったりあそびなど）や環境，そして，一人になる，子どもたちでいっしょにすごす，かくれるなど子どもたちだけの世界を体現できる環境（たとえば小高い高所，段ボールなどで仕切られた隠れられる隠所，ソファやカーペット敷きなど特別な空間の別所）もあるとよい。

② 園庭の環境

幼稚園は設置基準から，すべての園において地上部に園庭を有している。保育所は園庭の基準が緩和され，近くの公園で代替することができ，都心においては園庭をもたない園も多い。

園庭にはどのような環境があるだろうか。多くは集団あそびの拠点である運動場・広場が中央にあり，その周辺部に樹木，砂場，固定遊具，水遊び場，菜園，花壇，飼育小屋，お山や斜面などの空間が存在する。

屋外における子どもたちの環境とのかかわりで着目したい点は，前述の図8.1にある，「［何だろう？］注視・驚き」から始まり，「［ふれてみる］感触・感覚」を楽しむという，環境との出合いから生まれる驚きや感覚"センス・オブ・ワンダー"の視点である。レイチェル・カーソンは，著書『センス・オブ・ワンダー』(1965) のなかで，子どもが自然や環境とふれ合う際に，誰もが生まれながらにしてもっている神秘さや不思議さに目を見張る心＝"センス・オブ・ワンダー"の心持ちと，自然のなかで情緒や豊かな感性を育むための時がいかに大切かをうたっている。乳幼児期から自然とのふれあいの機会を多くもたせることで，子どもたちのみずみずしい感受性や五感を刺激することが不可欠である。そのためには，園庭には多様な自然の環境：草花，樹木，森，

水辺等，土，砂，泥，水等の自然の素材が存在することが大切である。

③ 園外の環境

　多くの保育所やこども園では子どもたちがまちにおさんぽに行くことがある。幼稚園でも園外保育の機会を積極的に設けている園もある。子どもたちは，たとえば園から近くの公園への道中で，まちの人との交流や，道で咲いている草花や虫との出会いの姿が見られたり，到着した公園で遊具や砂場で遊んだり，落ち葉や枯れ枝，木の実にふれるなど，さまざまな遊びが生まれている。なにげない日々のおさんぽや公園での遊びにおいても，まちのなかにあるさまざまな環境（もの，場，ひと・社会・自然）と出合い，何かに気づき，感じ，興味関心をもち，交流し，おもしろさや不思議さなどを通して，さまざまに学んでいくのである。

　まちには，子どもたちが，まちのなかでしか出合うことができない，まちの環境がある。園の子どもたちにとっては，まちも身近な屋外環境＝園庭といえる。

　上記の園環境や環境構成のあり方に注目しながら、以下に例示する小課題に取り組んでみるとよいだろう。これら園の環境図＜保育室＞＜園庭＞＜おさんぽマップ＞を作成し、活動記録を書き入れる（わかる範囲で記入する）ことで，子どもたちが現在園内外でどのような環境とふれあっているか，把握することができる。

小課題

　これまでに行った実習園や保育ボランティア園を事例に，保育室，園庭，おさんぽのマップを作成し，園内外の環境を把握しよう。

園内外の環境図

　実習などで入った保育室の様子を図示しよう。

＜保育室マップ＞　：記入するもの

・**場の環境（固定して動かせないもの）**：壁，扉（廊下・トイレ・ベランダも明記），窓，棚（棚の中に入っているもの，保育教材が置いてあればそれも書き出す），黒板，手洗い場，掲示板（掲示物の内容も明記）など

・**物的環境（動かせるもの）**：机，椅子，タオル掛け，絵本棚，ピアノ，ままごとコーナーの位置，おもちゃ，絵本など（置いてあるとおりに描く），保育教材など

・**自然環境**：虫かご，水槽・飼育小屋（飼育生物の種類も明記），鉢植えなど
・**人的環境**："保：担任保育者" "実：実習生" "子：子どもたち" で書き入れる。
・**活動記録**：環境図の周囲の余白に，さまざまな活動記録を書き入れる。

　　　　　　　　　　組の保育室の様子　　　　　月　　日　　曜日　　時　　分頃

※記入欄：書ききれない場合は，ノートや別の紙に書いてみよう。

<**園庭**>　　：記入するもの
・**場の環境（固定して動かせないもの）**：運動場，正門，通用門，塀，園舎建物（玄関・テラス・下駄箱・保育室名も明記），手洗い場，固定遊具（砂場，鉄棒，複合遊具，すべり台，ブランコなど種類も明記），築山，斜面，プール，屋外掲示板など
・**物的環境（動かせるもの）**：可動遊具（竹馬，三輪車，フープ，ボール，縄など置いてあるとおりに描く），テーブル，ベンチ，砂場道具（スコップ，バケツ，ジョウロ，リヤカーなど種類も明記），日よけテント，ござ，朝礼台，組立式プール，遊具倉庫など
・**自然環境**：樹木（木の種類もわかるものは明記），植込み，森，池，畑，鉢植え・プランター（栽培植物の種類もわかるものは明記），藤棚，水槽・飼育小屋（飼育生物の種類も明記），鉢植えなど
・**人的環境**："保：担任保育者" "実：実習生" "子：子どもたち" で書き入れる。
・**活動記録**：環境図の周囲の余白に，さまざまな活動記録を書き入れる。

　　　　　　　　　　組の園庭あそびの様子　　　　月　　日　　曜日　　時　　分頃

<**おさんぽマップ**>　　：記入するもの
・**場の環境（固定して動かせないもの）**：園周囲のマップを書く。公園，川，橋，商店街，図書館など主要な施設を書き込む。

・**物的環境（動かせるもの）**：子どもたちが見つけたふれ合ったもの，素材を書き込む。
・**自然環境**：樹木（木の種類もわかるものは明記），植込み，森，池，畑，鉢植え・プランター，水槽・飼育小屋など
・**活動記録**：環境図の周囲の余白に，さまざまな活動記録を書き入れる。

| ＿＿＿＿＿＿＿＿組のおさんぽの様子 | 月 | 日 | 曜日 | 時 | 分頃 |

第3節 園の特徴に応じた環境づくり

　前項では，子どもたちがかかわる園環境の実際についてみてきた。しかし実際の園の環境は，子どもたちの主体的な活動が保障され，持続可能な社会の創り手となる基礎を培い，そのための良好，かつ必要な環境となっているだろうか。ESDの視点における環境の整備や環境の構成として，いまある環境や子どもの姿をふりかえり，十分に実現できていない環境やあそびがあるだろうか。本項では，とくに幼児期のESDにおいて核ともいえる，自然保育の充実のための環境の視点から，園の特徴に応じた環境づくりの可能性について考えていきたい。

　園における環境づくりに際しては，①園が工事などで用意する環境整備，②保育者が日々保育のなかで行っていく環境構成の大きく2つに分かれる。保育者養成の学生や現場の保育者の多くは，園の環境は与えられたもので，園の環境を変えてみたり新たにつくったりすることはできないのではと考えてしまうかもしれないが，子どもたちのあそびや生活の姿を見ながら，声を聴きながら，いまの子どもたちに必要な環境を整えていくことは可能であり，大切な視点である（その際に，園との話し合いも重要である）。

(1) ESDの視点につながる環境整備の可能性

環境整備には，ビオトープや畑づくりなど工事を伴う大きな変化と，苗木の植栽やプランターの導入など個人でも行える小さな変化がある。今ある環境や子どもの姿をふりかえり，実現できていない環境，あそびから導入し，より豊かな自然保育，冒険性の充実を図ってみよう。以下，園庭の環境整備の事例を紹介したい。

■園庭での自然活動をより豊かにするために

- **園庭の自然化**：園庭での子どもたちの自然活動をより豊かにするため，野鳥やバッタ，チョウなど地域の生物が生息，飛来してくるような，園庭にさまざまな樹木，木立，森，野草の草原や小さな池や小川などの水辺など（ビオトープ）を設けていくことも可能である。園庭の自然化を行うことにより，地域の自然環境とのふれあいを通した自然保育や，木登りなど挑戦・冒険性のある自然遊びの実践にもつながる。大きな自然空間の創生だけでなく，苗木一本の植樹から始めることもできる。

- **栽培の空間**：子どもたちが植物を自ら種まき，苗植えし，水やり等の世話をし，生長を観察し，実を収穫し野菜などを食す経験は，日々の自然とのかかわりのなかで，季節，自然との変化に気づいたり，身近な植物に親しみをもって接することで，生命の尊さに気づくきっかけとなる。食の興味や関心にもつながるであろう。多くの園では子どもたちが保育のなかで栽培にかかわっており，畑や菜園，花壇などの空間を積極的に設けて活用していきたい。

- **お山，斜面，隠れ家，小道**：園庭環境にはさまざまな変化があることも大切である。自然そのものの多様さとともに，空間としても多様さがほしい。園庭のどこかに，お山や斜面など平坦ではない場所があると，子どもたちは昇り降りや，泥団子づくり，上から水を流して川を作ってあそんでみるなど外遊びの多様さも生まれる。また子どもたちは隠れんぼなど大人の世界から離れて隠れて遊ぶのが大好きである。そして小さな道に誘われて遊ぶことも楽しい。プレイハウスや灌木のトンネルなど，ときに隠れながら，

ときに場所変えてさまよいながら遊べる空間があるとよい。

■園庭が狭い，園庭がない園での工夫のあり方

・半屋外空間への自然の導入，活用：都心の園では，園庭が狭い，園庭が無
い園も多くある。園内での自然とのふれあいの機会を設けるために，玄関
先，テラス，バルコニー，屋上など，半屋外空間を活用して，プランター野
菜栽培や緑のカーテン（ゴーヤ等）などを行ってみたりすることもできる
であろう。

・まち自然発見マップの作成，活用：保育所やこども園ではおさんぽに積極
的に出かける園も多い。まち歩きで子どもたちが見つけたさまざまな自然
の写真やエピソードが入った，まち自然発見マップをぜひ作成したい。見
やすい場所にマップがあることで，今度ここを歩いてみたいというおさん
ぽのモチベーションにもつながることが期待される。

ビオトープ池　　　　　　　　バルコニー野菜栽培
子どもたちと作成のまち自然発見マップ（右）

■ESDの視点につながる環境構成の可能性

　自然保育の充実の環境の視点からみると，自然環境とのかかわりの中心は
屋外（園庭やまち）と考えられるが，室内にも自然の素材を持ち込んだり，飼
育や栽培を行ったり，窓から外の自然が見えるなど，室内にいても自然を感
じられ，ふれられる環境の構成は大切である。室内と屋外の連続性，外の世
界と内の世界がつながりのあるような環境構成をめざしていきたい。

■室内外の連続性

・保育室のなかに自然を取り込む：屋外の自然の保育室のなかにさまざまな
かたちで取り込むことによって，室内での生活のなかでも自然を常に感じ

られるようになる。観葉植物の鉢植えの設置やカイワレ大根などの水耕栽培，園庭やさんぽの道中で摘んだ野の花を小瓶やペットボトルに入れて飾り，壁面構成を行ってみることもおもしろい。

・**虫かご，水槽，自然素材，自然発見ラボを設ける**：子どもたちみんなが通る玄関前や廊下などの場所に，生き物が見られる虫かご，水槽や，どんぐり，木の実，落ち葉など季節の自然素材が置いてあり，ルーペで観察したり，触れられたり，自然の図鑑や絵本が置いてあるなど，自然発見ラボのような場所を設けるのも子どもたちの興味関心を促す方策となる。

園庭の植物を生かした保育室の壁面構成（左）
廊下沿いの自然発見ラボ（上）

■素材の活用

環境構成にあたっては，さまざまな自然素材の導入の可能性を考えたい。自然のなかには遊びの素材があふれており，外遊びのなかでさまざまな自然の素材と触れたり，素材を持ち込むことで，興味関心を深めるきっかけをつくりたい。

・**天候や気候**：太陽，雲，日光，影，雨，雪，氷，風，暑さ，寒さ
・**地面**：砂，土，粘土，泥
・**水**：水道，水たまり，雨，プール，シャワー
・**植物由来**：木材，竹材，ロープ，枝，丸太，藁，つる，紐，木の実
・**その他**：石，岩，火（安全面に配慮が必要）

(2) 環境整備，環境構成における重要な参加のプロセス

環境の整備や構成においては，以下の2つの重要な参加のプロセスによって行っていきたい。

① 保育者みんなで，子どももいっしょに考え，計画実施する

環境の整備や構成は，保育者ひとりで考えておこなうのではなく，保育者みんなで情報やアイデアを共有しながら，そして子どもたちの声も聴きながら，計画し行っていきたい。

② 保護者，地域もまきこみ，協力を得ながら一緒に活動する

とくに大きな変化を伴う環境の整備においては，園だけではなく，保護者や地域も巻き込み，協力を得ながら一緒に活動を行うことで，子どもにとっての保育環境の大切さをみんなで理解できる機会となる。

本章では，ESD実現をめざした環境構成のポイントとして，子どもたちの身近な日常生活のなかで周囲の多様な環境に主体的に，かつ好奇心（おもしろがる気持ち），探求心（不思議がる気持ち）をもってかかわることができるような，環境の整備や構成の工夫が重要であることを述べてきた。とくに自然保育の充実を図るためには，園庭の自然環境はもちろん，園外の環境も存分に活用し，室内にも自然を導入する工夫も大切である。

また，このような環境の整備や構成を行うなかで最も重要なのは，行った環境整備や環境構成が実際に子どもたちにどのように活用され，そこでのあそびの姿や，発見，驚き，語り合いなど，子どもたち自身の育ちや学びにどれだけつながっているかをていねいに見取り，みんなで共有分析し，次への環境の整備や構成につなげていくことである。保育の環境づくりには正解がない。みなさん自身が試行錯誤しながら，ESD実現に向けて，どのような環境が子どもたちにとってよいのか，考え続けてもらいたい。

本章の課題 第2節に例示した小課題を行って，その活動記録をほかの人と共有して話し合いや比較検討をして学びを深めよう。

参考文献
文部科学省（2017）「幼稚園教育要領」
厚生労働省（2017）「保育所保育指針」
内閣府・文部科学省・厚生労働省（2017）「幼保連携型認定こども園教育・保育要領」

伊藤孝子 (2021)「領域「環境」の変遷に関する一考察」『滋賀文教短期大学紀要』23号, 11-24頁

宮里暁美監修 (2018)『0-5歳児 子どもの「やりたい！」が発揮される保育環境』学研

山室吉孝・山田吉郎・松本和美・鮫島良一・仙田考・朴淳香・佐藤英文 (2016)『教育実習の理論と実践―自ら取り組む幼稚園実習』大学図書出版

レイチェル・カーソン (1996)『センス・オブ・ワンダー』新潮社

終　章
幼児期における環境教育・ESD の未来

　この本をまとめるにあたって，幼児期における ESD を発展させるために各章で多面的な視点からみてきた ESD 論から得られた知見について整理してみたい。

　第1章では，世界の共通課題である SDGs と ESD の関係性を示した。そのなかで，国内における幼児教育施設での「自然体験」は全体的に取り組んでいる園が多いが，いっぽう「環境保全」などの取り組みについては十分でないことがわかった。このようにわが国の幼児期の ESD は，「自然界とのかかわり」「地域とのかかわり」として自然体験を中心に取り組まれているが，それを「環境保全」の取り組みにまで踏み込めていない状況であることを示した。

　第2章では，第5章で示した「自然と子どもをつなぐコーディネーター」としての役割を果たすアプローチとして「インタープリテーション」の重要性と保育のかかわりについて示した。幼児期の ESD における保育のインタープリテーションは，幼稚園教育要領など各指針に示されている領域「環境」のねらいや内容の親和性が高い（巻末資料を参照）。そこで，インタープリテーションの特性に応じて子どもの主体性を担保しながら保育者や保育にかかわるさまざまな主体が自然や地域資源を通して，ともに学びを深めていく相互学習的な方法が今後の幼児教育・保育に求められてくるだろう。

　第3章では，幼児期の生物飼育を通した生態系を意識した環境教育実践が紹介された。2つのビオトープづくりの事例では，子どもの生物への興味関心からスタートし，子どもが主導となって保育者，保護者へと活動が深まりをみせていた。ビオトープ実践は敷地が広い園や自然の豊かな地域でないとできないわけではなく，ベランダに植木鉢を置いたりすることで虫が寄ってきたり，野草が育っていく生命の循環と共生を感じることもできる。生命の循環や共生を保育や幼児教育として取り組む際は，保育者自身に深い生態系に関する理解や

生き物への理解が求められる。保育者養成校における生命の循環や共生関係を理解する実体験的な学びが不可欠になってくるであろう。

　第4章では，幼児期におけるESDとしての食育の課題は，第一に，保育者が現代社会の問題を把握し，食育の重要性を理解すること，第二に，食べものを通して，子どもたちに持続可能な社会の構築を実現するための基礎を養う保育を提供することとし，その具体例を示した。「食」は子どもにとって最も身近なものであり，だから教材としても扱いやすいものである一方，身近なものでありすぎるゆえにむずかしさもあるテーマである。本章で示した事例や考え方をもとに，さらに各園で食を扱うESDを発展させていく必要があろう。

　第5章では，保育・幼児教育における「環境」の区分を示したうえで「社会的環境」の1つである家族や地域の人々・保育者の「人的環境」に着目してる。自然保育を事例に子どもと地域の人々の交流や子どもと自然をつなぎとめる保育者の役割を示している。さらに，自然のなかでの活動で子どもがやりたいという欲求をリスクがあるからという理由や偏見で遮らず，どうすれば実現できるか考える判断力・見守る姿勢など「自然保育者論」を提起している。

　第6章では，アイヌ文化学習をひとつの事例として，幼児期の多文化学習の可能性について示した。今日，日本各地で国籍，ジェンダー，民族などさまざまな文化的背景をもつ子どもが増えている。「文化的な背景にかかわらず，すべての子どもにとって，その差異に応じた教育のあり方を構想する」多文化教育の視点は，これからのESDを考えるうえで欠かすことのできないものといえる。重要なことは，異なる文化的背景をもつ子どもたち，そして大人たちも交え，「ともに学びあう」機会や空間をいかに組織化するかである。この章で示した自然体験（カヌー体験活動）を通した実践事例やその根底にある考え方は今後の幼児期としての多文化教育に1つの方向性を示している。

　第7章では，領域「環境」のねらいや内容に示されている数量や形，文字の指導を森林環境教育学的視点から再構築し，自然にある色や物の形を活用したさまざまなプログラムが紹介され，領域「環境」だけではなく，領域「表現」や領域「人間関係」など自然を使った領域横断的な指導が可能となることが示され

た。しかし，パッケージプログラム化する対応や保育者の自然体験の機会を担保するなど，環境教育に関する保育者研修の必要性などの課題が浮き彫りとなった。

　第8章では，幼児期のESDの実現に向けて，園ではどのような環境を整備し，環境の構成を考えたらよいのかについて示した。園舎内，園庭，園外と子どもをとりまく環境はさまざまである。本章では，どのような環境を構成すべきかのみならず，環境整備，環境構成における子ども参加のプロセスにまで言及している。ESDでは教育にかかわる内容だけでなく，その方法も従来の教育のあり方から革新していくべきものであり，こうした子どもの参加のプロセスを保育者が意識することはESDとして重要な点であるといえよう。

第2節　持続可能な地域を創る幼児期のESD事例

　本書の各章において示した幼児期のESD論では，地域のさまざまな人々（漁協や農家，獣医など）や施設と連携して実施する重要性にも言及している。そこからさらに一歩進めた形で幼児期のESDにより地域を活性化させている事例を以下に紹介する。

(1) 森のようちえん実践の特徴

　人口約7000人の鳥取県智頭町は，町面積の93％が森林に囲まれた中山間地域にあり，「自然体験活動を基軸にした子育て・保育，乳児・幼少期教育の総称」である"森のようちえん実践"の先進的な事例地として有名である。ここで行われているNPO法人智頭の森こそだち舎が手がける「森のようちえん まるたんぼう」（以下，まるたんぼう）の実践の特徴を示し，地域づくりへの影響を考えてみたい。

① 幼児が主体的に活動場所を決める

　まるたんぼうの教育方法の特徴の1つは，智頭町全域に14の自然や歴史や文化を感じる活動フィールド（図9.1）をもっていて，原則どのフィールドを使うかは，当日の朝や前日の活動のなかで子どもたちの話し合いで決めてい

ることにある。フィールドを決める際に保育士は，子どもたちの様子をみながら，意見を求められると「自分なら今日は○○で遊びたい」などと対話を図り，命にかかわる悪天候などの要因がないかぎりは，子どもたちの話し合いを見守ることが徹底されている（菊池, 2021）。

図9.1 智頭町の14の活動フィールド
出所：菊池（2021）

② 子どもの主体的な行動を促す「自然の中での見守る」アプローチ

　まるたんぽうでは「自然の中でのびのびと」「その子のペースでゆっくりと」「楽しく仲良くたくましく」の保育方針の達成に向けて，子どもの活動に制限をもたらすおそれがある「危ない」「汚い」「ダメ」「早く」の4つの言葉をなるべく使用しないようにしていることが特徴である。

(2) 子育て支援は地域づくりに寄与するのか

　智頭町の森のようちえんは，制度的には2008年の智頭町百人委員会というまちづくり提案事業から始まったといえる。このまちづくり提案により，町職員・地域住民から高い評価を受けて森のようちえんが事業化された。事業化によっ

表9.1　森のようちえんの園児数と移住者数の推移

	2009年	2010年	2011年	2012年	2013年	2014年	2015年	2016年	2017年
園児数（人）	4	13	21	35	36	38	43	40	40
内移住者（人）	2	4	4	6	10	13	20	18	24
内移住家庭数	2	4	4	4	7	12	17	14	20
移住者累計（人）	2	4	4	9	15	20	30	37	47
移住家庭累計	2	4	4	6	10	15	23	28	34

出所：NPO法人智頭の森こそだち舎　資料より作成

　て智頭町ならではの教育を展開することで，その教育や保育に魅力を感じて鳥取市内や全国の都心部から視察団が来たり，さらには移住する人が増えるまでにいたるようになった。表9.1が森のようちえんの園児数と移住者数の推移を比較したものだが，年々一定の移住者が増えていることがわかり，移住する子どもたちの受け皿として機能してきたことがうかがえる。

　地域全体を学びの場として，子どもたちが今いる地域の「どこで／何をしたいか」を自発的に考える教育方法を重視するまるたんぼうの実践は，ESDでいう「現代社会の問題を自らの問題として主体的に捉え，人類が将来の世代にわたり恵み豊かな生活を確保できるよう，身近なところから取り組む（Think globally, Act locally）ことで，問題の解決につながる新たな価値観や行動等の変容をもたらし，持続可能な社会を実現していくことを目指して行う学習・教育活動」を満たすものである。たしかに未就学児の子どもたちは現代的社会の問題の本質を理解できないかもしれないが，植物や小動物とのふれあい，自然遊びを通して，生命を尊重する心や自然にあるあらゆるものが人や社会に結びついているといった生態学的自然観を身につけることはできる。まるたんぼうで子どもたちがフィールドを選択する際，子どもたちが「あの場所にはアケビやキノコが多くある」など場所から得られる情報を詳細に理解し，アケビの食べ方など人の食生活との結びつきまで話せることからも，生態学的自然観を身につけているといえるだろう。環境教育学研究の1つにSLE（人生における貴重な経験）という分野がある。これは，自然体験の経験が今の環境教育指導者のキャリア選択に影響を与えているのか，その因果関係を研究する分野である。そこから

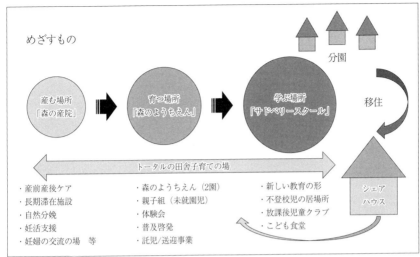

図9.2　智頭町における事業化ビジョン (2006)　森のようちえんから始め，卒園児の対応，移住して
くる人々の暮らしの保障など総合的な子育て支援の場と発展するような事業がねらわれている。
出所：NPO法人智頭の森こそだち舎　資料より作成

も，環境意識が高い人々ほど幼少期・青年期の自然体験が，その後の職業選択
に影響を与えていることがわかっている。智頭町の自然体験が要因となって将
来的に環境教育にたずさわる子どもたちも出てくる可能性はおおいにある。

　「森のようちえん まるたんぼう」の運営組織であるNPO法人智頭の森こそだ
ち舎は，ESDに大きくかかわりをもっている。当初は，設立者の「智頭町なら
ではの保育や田舎での子育てを今後の幼児教育・保育の選択肢にしたい，そし
て智頭町に恩返し（元気にしたい）をしたい」という思いからスタートし，事業
化まで約3年間子育て世代の父母を巻き込んだ地域学習を行い，子どもにとっ
て安全な自然なのか念入りに教育構想をつくり込んでいった。この地域学習に
より，ESDをめざす地域がかかえる少子化の問題，林業の活用の問題を，自ら
の問題として，自身の住む地域から取り組むことと捉えることができる。その
地域学習を活かし，現在は森のようちえん2事業（まるたんぼう・すぎぼっくり），
教育移住者用のシェアハウス事業，森のようちえんを利用したフリースクール
事業を手がけ，子育て支援を軸にした森林の新たな活用方法を確立し，表9.1の

ように都心部からの移住者の受け皿となり，農村と都心の子育てを通した都市間の交流の役割を担うまで成長している。

　ここまで成長してこれたのは，自治体のたゆまぬ援助があったからこそ成しえたものであるといえる。智頭町は，森のようちえん設立から現在に至るまで，保育者の人件費補助，バス運行の補助，幼児教育・保育の無償化の対象に早期に位置づけるなど他自治体の認可外保育施設より手厚く活動を助成し，智頭町の重要な子育て支援として位置づけて活動を支えてきた。

　要は，幼児教育・保育を魅力的につくり変えることで，地域の持続不可能な社会課題の解決に寄与することが可能である。それを可能にするには，施設と行政側が互いの役割を認識し，地域ぐるみで一体となり子どもを育てていくという強い連携が必要になる。

■第3節■ 持続可能な社会を創る担い手を養成する保育者養成校の未来と課題

　ここで改めて各章で紹介した事例を俯瞰的にみると，幼児期のESD実践には大きな特徴に気づく。それは保育所や幼稚園などの幼児教育施設と地域が深くかかわり合い，その地域に根ざした教育が展開されていることにある。そして共通の課題としてあげられるのが，保育者が自然や生態系に関する知識，生態学的な知識に疎いという問題である。中央教育審議会 (2016) において「持続可能な開発のための教育 (ESD) は次期学習指導要領改訂の全体において基盤となる理念である」と示されたことをふまえ，平成30年幼稚園教育要領などが改正され「持続可能な社会の創り手」が提起された。これからの保育者にはESDの深い理解や自然環境に関する理解が求められることは避けられず，未来の保育者を養成する保育者養成校の責任はきわめて重大である。しかし井上 (2008) や井上・田尻 (2002) の研究は短期大学の保育者養成に関する研究であるが，自然や動植物にかかわる教科は領域「環境」や総合演習で行われていることを示しているものの，地球環境問題に関してはほとんど行われていないことが実証されている。いっぽう，全国でも自然保育や森のようちえんの普及，自然保育の支援制度化に伴い「自然保育」に関する科目を設置する養成校も出てきてお

表9.2　2022年度自然保育実践演習の活動内容

① 牛乳パック栽培
② 教員がインタープリターのネイチャーゲーム（森の色合わせ，フィールドビンゴ）
③ デイキャンプ2回（従来は2泊3日のキャンプ，コロナ対策よりデイキャンプ）
④ 北海道大学雨龍研究林でのフィールドワーク2回（倒木更新など森林生態学に関する内容）
⑤ アイヌ文化と自然
⑥ 危険生物の調べもの学習と発表（クマやハチ，マダニ）
⑦ 学生主体の秋を感じる自然遊び企画
⑧ 学生主体の雪の性質を活かした自然遊び企画

り，保育者養成における「自然体験」の重要性は高まってきている。その一例として，先進的な取り組みをしている名寄市立大学保健福祉学部社会保育学科では，2年生の科目に「自然保育実践演習」（前期・後期必修）計30コマの通年の講義を設けている。授業の目的を「子どもの発達と自然の関係について理論的に学び，地域の自然環境を生かした保育実践を構想し，実践的に学び，方法を修得すること」と設定し，表9.2に示す内容を筆者を含めて2名の教員で行った。科目前に教員間で「保育らしいことを忘れ，心を開いて自然を感じるカリキュラム，人と自然とのつながりを再認識するプログラムにする」というヒドゥンカリキュラムを設定し，講義の最終回に講義を体験したうえで自身がもつ自然観と保育観にどのような変化があったかレポートを課し，科目評価をしている。基本的にこの講義は，教員2名の主導ではなく履修学生が主体的に活動を展開していることが特徴である。名寄市立大学の野外活動（キャンプ）については三井（2022）を，自然保育実践演習を通して学生の森への意識変化に関しては麻生（2022）を参照してほしい。

　このような活動で学生の生態系の気づきや自然への理解は深まるのだろうか。表9.3をみると，この講義を通して自然の循環性と生物多様性への理解が深まっていることが確認できる一方で，身近な自然を活用するネイチャーゲームや森探索を通して身近な自然を認識しやすくなっていることが読み取れることから，生態学的自然観を高めることがこの科目からできている。

　名寄市立大学では，北海道の雄大な自然環境，身近な場所に林学研究者や実践者がいることでダイナミックな活動ができていることは否めないが，どこの大学でも身近な自然を遊びに取り入れるネイチャーゲームを経験し，自身で自

表9.3　自然保育実践演習履修学生の感想の抜粋

① Aさん
　この講義で研究林や下川町に行ったりし，季節によって森の見え方が違ったり植物の様子が違ったりして自然の面白さを感じました。その中でも，特に私が面白いと感じたのは，同じ年月生きてきた木でも幹の太さが全然違うというものです。最初は本当なのかなと思いましたが，実際に年輪を数えてみると同じくらいだったので自然ってすごいなと思うのと同時に面白いなと感じました。私は今まで自然とは，「木」「森」「植物」といった単としたイメージでしたが，この講義を受けて全てのものが互いに影響を及ぼし合ってできているものが自然なんだと気づくことができた。

② Bさん
　自然を楽しむには自分の周りから自然の対象が無くなれば終わりだと考えていたが，少し場所や環境を変えるとまだまだ楽しめる自然が残っているということを改めて実感することができました。外で遊ぶということを考えるとき，自分の身近でかつ目の前にある，遊具というおもちゃがあまりにも魅力的に感じてしまうために公園のような遊具がある場所をついつい遊んでしまいます。けれど，この講義を通して遊具なんてなくても今そこにある自然だけでも十分に遊具以上に楽しめること，そして例えば健康の森に行き探索したこと，ネイチャーゲームをしたこと，普段は自然の中に進んで入っていくことがないからこそよく周りをみる。普段何気なく見ているもの，見落としているものに気づくことができる。このことがとても素敵だと感じることができた。

然を感じる活動を考える活動は実現可能である。

　このように，どんな地理的な条件であっても自然が完全にない場所はない，工夫次第でどの養成校でも生物多様性や環境についてふれて学びを深めることは可能であり，ESDを理解した保育者を輩出することはできる。これからの幼児教育・保育を支える人材を輩出する保育者養成校は，いま一度持続可能な社会の実現の担い手を養成するという本質に立ち返り，ESDを中心にカリキュラムマネジメントを考えていくことが求められてくるだろう。

引用文献

麻生翼（2022）「保育者にとっての森—自然保育実践演習における森に対する4つの視点—」『社会保育実践研究』6, 27-38頁

井上美智子（2008）「保育者養成系短期大学における自然とかかわる教育内容—実施実態と課題」『こども環境学研究』4 (2), 54-59頁

井上美智子・田尻由美子（2002）「保育者養成校の教育課程における環境教育の導入実態について」『日本保育学会大会発表論文集』582-583頁

菊池稔（2021）「地域に根ざした教育としての森のようちえんの可能性—鳥取県八頭郡智頭町森のようちえんまるたんぼうを事例に」『共生社会システム研究』15 (1), 217-232頁

三井登（2022）「保育者養成における野外活動に関する実践報告—キャンプを通して学生たちは何を感じたか」『社会保育実践研究』6, 51-58頁

NPO法人智頭のもりこそだち舎（旧NPO法人智頭町森のようちえんまるたんぼう）「『森のようちえん』で町が変わる～鳥取県・智頭町森のようちえん　まるたんぼうの事例～」http://mori-zukuri.jp/wp_foresapo/wp-content/uploads/2018/01/marutanbou_report.pdf（2023年11月30日最終閲覧）

巻末資料

幼稚園教育要領解説（抄）

2018（平成30）年2月　文部科学省

■ 第1章 総説　第1節 幼稚園教育の基本
2 環境を通して行う教育
(1) 環境を通して行う教育の意義

　一般に，幼児期は自分の生活を離れて知識や技能を一方向的に教えられて身に付けていく時期ではなく，生活の中で自分の興味や欲求に基づいた直接的・具体的な体験を通して，この時期にふさわしい生活を営むために必要なことが培われる時期であることが知られている。

　幼稚園では，小学校以降の子供の発達を見通した上で，幼稚園教育において育みたい資質・能力を幼児期にふさわしい生活を通して育むことが大切である。

　幼児期の教育においては，幼児が生活を通して身近なあらゆる環境からの刺激を受け止め，自分から興味をもって環境に主体的に関わりながら，様々な活動を展開し，充実感や満足感を味わうという体験を重ねていくことが重視されなければならない。その際，幼児が環境との関わり方や意味に気付き，これらを取り込もうとして，試行錯誤したり，考えたりするようになることが大切である。

　教師は，このような幼児期の教育における見方・考え方を生かし，幼児と共によりよい教育環境を創造するように努めることが重要である。

　こうしたことにより，幼児は，環境とのよりよいまたはより面白い関わり方を見いだしたり，関連性に気付き意味付けたり，それを取り込もうとして更に試行錯誤したり，考えたりして，捉えなおし，環境との関わり方を深めるようになっていく。(第1章 第1節 5 教師の役割を参照)

　本来，人間の生活や発達は，周囲の環境との相互関係によって行われるものであり，それを切り離して考えることはできない。特に，幼児期は心身の発達が著しく，環境からの影響を大きく受ける時期である。したがって，この時期にどのような環境の下で生活し，その環境にどのように関わったかが将来にわたる発達や人間としての生き方に重要な意味をもつことになる。

　幼稚園は，幼児期にふさわしい幼児の生活を実現することを通して，その発達を可能にする場である。そのためには，家庭や地域と連携を図りながら，幼稚園でこそ得られる経験が実現できるようにする必要がある。

　したがって，幼稚園教育においては，学校教育法に規定された目的や目標が達成されるよう，幼児期の発達の特性を踏まえ，幼児の生活の実情に即した教育内容を明らかにして，それらが生活を通して幼児の中に育てられるように計画性をもった適切な教育が行われなければならない。つまり，幼稚園教育においては，教育内容に基づいた計画的な環境をつくり出し，幼児期の教育における見方・考え方を十分に生かしながら，その環境に関わって幼児が主体性を十分に発揮して展開する生活を通して，望ましい方向に向かって幼児の発達を促すようにすること，すなわち「環境を通して行う教育」が基本となるのである。

(2) 幼児の主体性と教師の意図

　このような環境を通して行う教育は，幼児の主体性と教師の意図がバランスよく絡み合って成り立つものである。

　幼稚園教育が目指しているものは，幼児が一つ一つの活動を効率よく進めるようになることではなく，幼児が自ら周囲に働き掛けてその幼児なりに試行錯誤を繰り返し，自ら発達に必要なものを獲得しようとするようになることである。このような幼児の姿は，いろいろな活動を教師が計画したとおりに，全てを行わせることにより育てられるものではない。幼児が自ら周囲の環境に働き掛けて様々な活動を生み出し，それが幼児の意識や必要感，あるいは興味などによって連続性を保ちながら展開されることを通して育てられていくものである。

　つまり，教師主導の一方的な保育の展開ではなく，一人一人の幼児が教師の援助の下で主体性を発揮して活動を展開していくことができるような幼児の立場に立った保育の展開である。活動の主体は幼児であり，教師は活動が生まれやすく，展開しやすいように意図をもって環境を構成していく。もとより，ここでいう環境とは物的な環境だけでなく，教師や友達との関わりを含めた状況全てである。幼児は，このような状況が確保されて初めて十分に自己を発揮し，健やかに発達していくことができるのである。

　その際，教師には，常に日々の幼児の生活する姿を捉えることが求められる。教師は，幼児が何に関心を抱いているのか，何に意欲的に取り組んでいるのか，あるいは取り組もうとしているのか，何に行き詰まっているのかなどを捉える必要があり，その捉えた姿から，幼児の生活や発達を見通して指導の計画を立てることになる。すなわち，今幼児が取り組んでいることはその幼児にとって十分できることなのか，新たな活動を生み出すことができることなのかな

ど，これまでの生活の流れや幼児の意識の流れ
を考慮して指導の計画を立てることになる。し
かし，どんなに幼児の願いを受け止め，工夫し
て計画しても，その中で幼児が何を体験するか
は幼児の活動にゆだねるほかはない場合もある。
しかし，「幼児をただ遊ばせている」だけでは教
育は成り立たない。幼児をただ遊ばせているだ
けでは，幼児の主体的な活動を促すことにはな
らないからである。(第1章　第4節　3　指導計
画の作成上の留意事項 (7) 教師の役割を参照)
一人一人の幼児に今どのような体験が必要なの
だろうかと考え，そのためにはどうしたらよい
かを常に工夫し，日々の保育に取り組んでいか
なければならない。

(3) 環境を通して行う教育の特質

　教育は，子供のもつ潜在的な可能性に働き掛
け，その人格の形成を図る営みであり，それは，
同時に，人間の文化の継承であるといわれてい
る。環境を通して行う教育は，幼児との生活を
大切にした教育である。幼児が，教師と共に生
活する中で，ものや人などの様々な環境と出会
い，それらとのふさわしい関わり方を身に付け
ていくこと，すなわち，教師の支えを得ながら
文化を獲得し，自己の可能性を開いていくこと
を大切にした教育なのである。幼児一人一人の
潜在的な可能性は，幼児が教師と共にする生活
の中で出会う環境によって開かれ，環境との相
互作用を通して具現化されていく。それゆえに，
幼児を取り巻く環境がどのようなものであるか
が重要になってくる。

　したがって，環境を通して行う教育は，遊具
や用具，素材だけを配置して，後は幼児の動く
ままに任せるといったものとは本質的に異なる
ものである。もとより，環境に含まれている教
育的価値を教師が取り出して直接幼児に押し付
けたり，詰め込んだりするものでもない。環境
の中に教育的価値を含ませながら，幼児が自ら
興味や関心をもって環境に取り組み，試行錯誤
を経て，環境へのふさわしい関わり方を身に付
けていくことを意図した教育である。それは同
時に，幼児の環境との主体的な関わりを大切に
した教育であるから，幼児の視点から見ると，
自由感あふれる教育であると言える。

　例えば，木工の素材とかなづちを用意したと
しよう。しかし，それらが置いてあるだけでは，
初めて見る幼児は興味をもたないだろう。くぎ
をうまく打っている幼児を見ることにより，あ
るいは，教師が打ってみるという働き掛けによ
り，誘われてかなづちを手にするようになる。
しかし，そのような姿を見て，やり始めた幼児
も，初めのうちは，その幼児なりのやり方しか

できないだろう。いろいろ試行錯誤を繰り返す
うちに，くぎをうまく打ちつけるにはどうすれ
ばよいかを，上手に打っている友達や教師の動
きをモデルにしてその動きをまねたり，考えた
りしながら，身に付けたり，気付いたりしてい
く。

　このような環境との関わりを通して幼児は，
自らの手で用具の使い方を獲得し，自らの世界
を広げていくことの充実感を味わっていく。こ
のような環境を通して行う教育の特質について
まとめてみると，次のとおりである。

○環境を通して行う教育において，幼児が自
　ら心身を用いて対象に関わっていくことで，
　対象，対象との関わり方，さらに，対象と
　関わる自分自身について学んでいく。幼児
　の関わりたいという意欲から発してこそ，
　環境との深い関わりが成り立つ。この意味
　では，幼児の主体性が何よりも大切にされ
　なければならない。

○そのためには，幼児が自分から興味をもっ
　て，遊具や用具，素材についてふさわしい
　関わりができるように，遊具や用具，素材
　の種類，数量及び配置を考えることが必要
　である。このような環境の構成への取組に
　より，幼児は積極性をもつようになり，活
　動の充実感や満足感が得られるようになる。
　幼児の周りに意味のある体験ができるよう
　な対象を配置することにより，幼児の関わ
　りを通して，その対象の潜在的な学びの価
　値を引き出すことができる。その意味にお
　いては，テーブルや整理棚など生活に必要
　なものや遊具，自然環境，教師間の協力体
　制など幼稚園全体の教育環境が，幼児にふ
　さわしいものとなっているかどうかも検討
　されなければならない。

○環境との関わりを深め，幼児の学びを可能
　にするものが，教師の幼児との関わりであ
　る。教師の関わりは，基本的には間接的な
　ものとしつつ，長い目では幼児期に幼児が
　学ぶべきことを学ぶことができるように援
　助していくことが重要である。また，幼児
　の意欲を大事にするには，幼児の遊びを大
　切にして，やってみたいと思えるようにす
　るとともに，試行錯誤を認め，時間を掛け
　て取り組めるようにすることも大切である。

○教師自身も環境の一部である。教師の動き
　や態度は幼児の安心感の源であり，幼児の
　視線は，教師の意図する，しないに関わら
　ず，教師の姿に注がれていることが少なく
　ない。物的環境の構成に取り組んでいる教
　師の姿や同じ仲間の姿があってこそ，その

物的環境への幼児の興味や関心が生み出される。教師がモデルとして物的環境への関わりを示すことで，充実した環境との関わりが生まれてくる。　（…略）

4　計画的な環境の構成

　2で述べているように，幼稚園教育は，幼児自らが積極的に事物や他者，自然事象，社会事象など周囲の環境と関わり，体験することを通して，生きる力の基礎を育て，発達を促すものである。

　幼児は遊ぶことが好きであるからといって，教師は幼児が遊ぶのをただ放っておいてよいわけではない。なぜなら，幼児は常に積極的に環境に関わって遊び，望ましい方向に向かって発達していくとは限らないからである。幼児が望ましい方向に向かって発達していくということは，幼稚園教育のねらいに示された方向に向かって発達していくことである。どのような環境にいかに関わるかを，全て幼児自身にゆだねていたのでは，偶然の出来事に頼ることとなり，発達に必要な体験を保障することが困難な場合も生じてくる。また，幼児は一人一人興味や関心を向けるものが異なる。一人一人の幼児に幼稚園教育のねらいが着実に実現されていくためには，幼児が必要な体験を積み重ねていくことができるように，発達の道筋を見通して，教育的に価値のある環境を計画的に構成していかなければならない。一人一人の幼児が関わっている活動の各々の展開を見通すとともに，学期，年間，さらに，入園から修了までの幼稚園生活，修了後の生活という長期的な視点に立って幼児一人一人の発達の道筋を見通して現在の活動を位置付け，幼児の経験の深まりを見通すことが大切である。そして，望ましい方向へ向かうために必要な経験ができる環境を構成していく必要がある。

　見通しをもち，計画を立てることによって初めて，幼児が今行っている経験の意味を理解し，発達を促す関わりや環境の構成を考えることができる。しかし，幼児の活動の展開は多様な方向に躍動的に変化するものであり，常に見通しと一致するわけではない。したがって，計画を立てて環境を構成すればそれでよいというわけではない。常に活動に沿って環境を構成し直し，その状況での幼児の活動から次の見通しや計画をもち，再構成し続けていくことが必要となるのである。

①　幼児の主体的な活動と環境の構成

　幼児が意欲をもって積極的に周囲の環境に関わっていくこと，すなわち，主体的に活動を展開することが幼児期の教育の前提である。幼児が主体的に活動を行うことができるか否かは環境がどのように構成されているかによって大きく左右される。幼児が興味や関心をもち，思わず，関わりたくなるようなものや人，事柄があり，さらに，興味や関心が深まり，意欲が引き出され，意味のある体験をすることができるように適切に構成された環境の下で，幼児の主体的な活動が生じる。そして，その基礎には安心感や安定感がある。例えば，ジャングルジムの1番上まで登ってみたいと興味を示しても，恐怖心や自分にできるだろうかという不安から取り組むことをためらっている幼児がいる。このときに自分を守ってくれていると感じられる教師のまなざしや励ましの言葉，楽しそうにジャングルジムに登り始めた友達の姿や友達からの誘いがあることなどによって，幼児は活動を始める。

　幼児が主体的に活動できる環境を構成するためには，幼児の周りにある様々な事物，生き物，他者，自然事象・社会事象などがそれぞれの幼児にどのように受け止められ，いかなる意味をもつのかを教師自身がよく理解する必要がある。環境を構成するためには，遊具や用具，素材など様々な要素が，遊びを通して幼児の発達にどう影響するかを考える必要もある。また，遊びの中での事物や事象との関わりが，発達の過程でどのような違いとなって表れるかを知らなければならない。例えば，砂と土では，それぞれ固有の性質があり，そこから引き出される遊びの展開には違いが見られる。また，砂で遊ぶときにも発達の過程によって関わりは異なってくる。同じ事物でも幼児の発達によって関わり方は異なるし，同じ場であっても，幼児のそのときの状況によって異なる。砂場が一人で安心していられることを求める場であったり，いろいろな型に詰めて形を作れるという砂のもつ面白さにひかれる場であったり，また，友達と一緒にトンネルを掘ることを楽しむ場であったりする。幼児の行動や心情によって，同じ場や素材でもそこで幼児が経験するものは違っている。したがって，教師の援助もそれぞれにふさわしいものに変えなければならない。幼児の興味や関心に即しながらも，その時期にその幼児の中にどのような育ちを期待したいか，そのために必要な経験は何かを考え，その経験が可能となるように環境を構成していくことが大切である。

　このように，幼児の主体的な活動のための環境を構成することは，一言でいえば，幼児を理解することにより可能となる。その時期の幼児の環境の受け止め方や環境への関わり方，興味や関心の在り方や方向，1日の生活の送り方な

どを理解し，そこから幼児一人一人にとって必要な経験を考え，適切な環境を構成するのである。ここで念頭に置かなければならないことは，教師自身が重要な環境の一つであることである。幼児期には，一緒に生活している大人の影響を特に強く受ける。先に述べたように，教師の存在（身の置き方や行動，言葉，心情，態度など）が幼児の行動や心情に大きな影響を与えている。したがって，教師は自分も幼児にとって環境の非常に重要な一部となっていることを認識して環境の構成を考える必要がある。

このようにしてあらかじめ構成された環境の下で，幼児は主体的に環境と関わり，活動を展開する。主体的に関わるとは，幼児なりに思いや願いをもち続け，関わっていくことである。幼児の興味や関心は次々と変化し，あるいは深まり，発展していく。それに伴って環境条件も変わらざるを得ない。それゆえ，環境が最初に構成されたまま固定されていては，幼児の主体的な活動が十分に展開christtされなくなり，経験も豊かなものとはならない。したがって，構成された環境はこのような意味では暫定的な環境と考えるべきであり，教師は幼児の活動の流れや心の動きに即して，常に適切なものとなるように，環境を再構成していかなければならないのである。

② 幼児の活動が精選されるような環境の構成

幼児が積極的に環境に関わり，活動を展開する場合，その活動は多様な仕方で展開される。この多様な仕方でということは，様々な形態の活動が行われることを意味するし，一つの活動が変容し，新たな発展をしていくことも意味する。幼児一人一人の興味や関心を大切にして指導するためには，様々な形態の活動が行われることも重要である。しかし，幼稚園教育のねらいを達成していくためには，幼児が活動に没頭し，遊び，充実感や満足感を味わっていくことが重視されなければならない。活動を豊かにすることは，いろいろなことをできるようにすることと同じではない。重要なのは，活動の過程で幼児自身がどれだけ遊び，充実感や満足感を得ているかであり，活動の結果どれだけのことができるようになったか，何ができたかだけを捉えてはならない。なぜなら，活動の過程が意欲や態度を育み，生きる力の基礎を培っていくからである。

そのためには，一つの活動に没頭して取り組むことができることも大切である。いろいろな活動を次から次へと行っているのでは，多少の楽しさはあったとしても充実感や満足感を覚えることはできない。それゆえ，教師は幼児が本当にやりたいと思い，専念できる活動を見付けていくことができるように，つまり，いろいろあり得る活動の中から興味や関心のある活動を選び取っていくことができるように，しかも，その活動の中で発達にとって大切な体験が豊かに得られるように環境を構成することが必要である。このような環境の構成は，教師の行動としてみれば，新しい事物を出したり，関わりを増やしたりしていくことだけではない。反対に，その活動にとって不要なものや関わりを整理し，取り去ったり，しばらくはそのままにして見守ったりしていくことも必要となる。

幼児の活動が精選される環境を構成するには，幼児の興味や関心の在り方，環境への関わり方，発達の実情などを理解することが前提である。その上で幼児が興味や関心のある活動にじっくり取り組むことができるだけの時間，空間，遊具などの確保が重要である。さらに，教師自身が活動に参加するなど，興味や関心を共有して活動への取組を深める指導が重要になる。

このように，活動を充実することは，いろいろな活動を行うことと同じではない。まして幼児が取り組もうとしている活動を早く完了させることではない。幼児が活動に没頭する中で思考を巡らし，心を動かしながら豊かな体験をしていくことである。そして，教師は，このような活動がより豊かに行われるように，幼児と活動を共にしながら環境の構成を工夫する必要がある。（…略）

■ 第2章 ねらい及び内容 第2節 各領域に示す事項

3 身近な環境との関わりに関する領域「環境」

〔周囲の様々な環境に好奇心や探究心をもって関わり，それらを生活に取り入れていこうとする力を養う。〕

1 ねらい
(1) 身近な環境に親しみ，自然と触れ合う中で様々な事象に興味や関心をもつ。
(2) 身近な環境に自分から関わり，発見を楽しんだり，考えたりし，それを生活に取り入れようとする。
(3) 身近な事象を見たり，考えたり，扱ったりする中で，物の性質や数量，文字などに対する感覚を豊かにする。

幼児の周囲には，園内や園外に様々なものがある。人は暮らしを営み，また，動植物が生きていて，遊具などの日々の遊びや生活に必要な物が身近に置かれている。幼児はこれらの環境に好奇心や探究心をもって主体的に関わり，自分の遊びや生活に取り入れていくことを通して

発達していく。このため，教師は，幼児がこれらの環境に関わり，豊かな体験ができるよう，意図的，計画的に環境を構成することが大切である。

幼児は身近な環境に興味をもち，それらに親しみをもって自ら関わるようになる。また，園内外の身近な自然に触れて遊ぶ機会が増えてくると，その大きさ，美しさ，不思議さに心を動かされる。幼児はそれらを利用して遊びを楽しむようになる。幼児はこのような遊びを繰り返し，様々な事象に興味や関心をもつようになっていくことが大切である。

幼児は身近な環境に好奇心をもって関わる中で，新たな発見をしたり，どうすればもっと面白くなるかを考えたりする。そして，この中で体験したことを，更に違う形や場面で活用しようとするし，遊びに用いて新たな使い方を見付けようとする。幼児にとっての生活である遊びとのつながりの中で，環境の一つ一つが幼児にとってもつ意味が広がる。したがって，まず何より環境に対して，親しみ，興味をもって積極的に関わるようになることが大切である。さらに，ただ単に環境の中にあるものを利用するだけではなく，そこで気付いたり，発見したりしようとする環境に関わる態度を育てることが大切である。幼児は，気付いたり，発見したりすることを面白く思い，別なところでも活用しようとするのである。

身近な事象を見たり，考えたり，扱ったりする中で，物の性質や数量，文字などに対しての関わりを広げることも大切である。幼児を取り巻く生活には，物については当然だが，数量や文字についても，幼児がそれらに触れ，理解する手掛かりが豊富に存在する。それについて単に正確な知識を獲得することのみを目的とするのではなく，環境の中でそれぞれがある働きをしていることについて実感できるようにすることが大切である。

[内容]

(1) 自然に触れて生活し，その大きさ，美しさ，不思議さなどに気付く。

自然に触れて遊ぶ中で，幼児は全身で自然を感じ取る体験により，心がいやされると同時に，多くのことを学んでいる。特に，幼児期において，自然に触れて生活することの意味は大きい。幼稚園生活の中でも，できるだけ身近な自然に触れる機会を多くし，幼児なりにその大きさ，美しさ，不思議さなどを全身で感じ取る体験をもつようにすることが大切である。

自然と触れ合う体験を十分に得られるように

するためには，園内の自然環境を整備したり，地域の自然と触れ合う機会をつくったりして，幼児が身近に関わる機会をつくることが大切である。また，幼児が心を動かされる場面は，必ずしも大人と同じではないことにも留意しなければならない。例えば，クモの巣に光る露に心を動かされたり，自分で育てた花から取れた種をそっとポケットにしまい込んだりなど，幼児は日常の何気ない生活場面で心を揺り動かしている。このような幼児の自然との出会いを見逃さないようにすることが教師の関わりとして大切である。

自然と出会い，感動するような体験は，自然に対する畏敬の念，親しみ，愛情などを育てるばかりでなく，科学的な見方や考え方の芽生えを培う上で基礎となるものである。テレビやビデオなどを通しての間接体験の機会が増えてきている現代，幼稚園で自然と直接触れる機会を設けることは大きな意味をもってきている。

(2) 生活の中で，様々な物に触れ，その性質や仕組みに興味や関心をもつ。

幼児は，様々な物に囲まれて生活し，それらに触れたり，確かめたりしながら，その性質や仕組みなどを知っていく。初めは，感触を試し，物との関わりを楽しんでいるが，興味をもって繰り返し関わる中で，次第にその性質や仕組みに気付き，幼児なりに使いこなすようになる。物の性質や仕組みが分かり始めるとそれを使うことによって一層遊びが面白くなり，物との関わりが深まる。物の性質や仕組みに気付くことと遊びが面白くなることが循環していく。例えば，土の団子作りに興味をもっている幼児は，何度も作りながら，同じ土であっても，湿り気の具合によってその性質が異なることを体験的に理解し，しんにする土，しんの周囲を固める土，湿り気を取るための土など，うまく使い分けている。このように，遊びを通して，物の性質の理解が深まっていく。

さらに，遊びの深まりや仲間の存在は，幼児が物と多様な関わりをすることを促す。幼児が周囲にある様々な物に触発されて遊びを生み出し，多様な見立てを楽しむと，その遊びに興味をもった仲間が集まり，新しいアイデアが付加され，その物の性質や仕組みについて新たな一面を発見する。その発見を生かして更に遊びが広がり，深まるといった過程を繰り返す。このような流れの中で，幼児が自分のリズムで遊びを展開し，興味をもった物に自分から関わる，多様な見立てや関わりを楽しむ，試行錯誤をする，仲間と情報を交流するといったことを通し

て，物の性質や仕組みに興味をもち，物との関わりを楽しみ，興味や関心を深めていくことを踏まえることが大切である。

（3）季節により自然や人間の生活に変化のあることに気付く。

幼稚園内外の自然や地域社会の人々の生活に日常的に触れ，季節感を取り入れた幼稚園生活を体験することを通して，季節により自然や人間の生活に変化があることに幼児なりに関心をもつようにすることが大切である。

春の草花や木の芽，真夏の暑い日差し，突風にさらされて舞い散る落ち葉など，幼児は日々の生活の中で季節の変化を感じる場面に出会うことが多い。また，幼児が意識する，しないに関わらず，その変化に伴い，食べ物や衣服，生活の仕方などが変化している。大切なことは，日常的に自然に触れる機会を通して，幼児が季節の変化に気付いていくようにすることである。そのためには，園内の自然環境を整備したり，季節感のある遊びを取り入れたりするなどして，幼稚園生活の自然な流れの中で，幼児が季節の変化に気付き，感じ取れるようにすることが大切である。

季節により変化のあることに気付くということは，必ずしも，変化の様子を完全に理解したり，言葉に表したりするということではない。夏の暑い日に浴びるシャワーの水は心地よいが，冬の寒い日に園庭で見付けた氷混じりの水は刺すような冷たさを感じるなど，何気なく触れているものでも季節によって感触や感じ方が異なるといったように，幼児自身が全身で感じ取る体験を多様に重ねることが大切である。

幼稚園の外に出掛けると，季節による自然や生活の変化を感じる機会が多い。幼児が四季折々の変化に触れることができるように，園外保育を計画していくことも必要である。かつては，地域の人々の営みの中にあふれていた季節感も失われつつある傾向もあり，秋の収穫に感謝する祭り，節句，正月を迎える行事などの四季折々の地域や家庭の伝統的な行事に触れる機会をもつことも大切である。

（4）自然などの身近な事象に関心をもち，取り入れて遊ぶ。

幼児の身の回りにある自然などの様々な事象に触れる機会を多くもつようにし，それらを取り入れて遊ぶ楽しさを十分に味わうことが必要である。幼児は自然の様々な恵みを巧みに遊びに取り入れて，遊びを楽しんでいる。どんぐりなどの木の実はもちろん，それぞれの季節の草花，さらに，川原の石や土なども遊ぶための大切な素材である。

また，幼児は，目に見えるものだけではなく，見えないものと対話し，幼児の遊びの中に取り入れている。例えば，風の動きを肌で感じ，自分で作った紙飛行機や凧（たこ）などを少しでも高く，遠くに飛ばそうと高い所を見付け，飛ばしたり，風の向きを考えたりして遊んでいる。

このような遊びが幼児の興味や関心に基づいて十分に繰り返されるように援助しながら，幼児の自然などの身近な事象への関心が高まるようにすることが大切である。単に自然の事象についての知識を得ることではなく，自然の仕組みに心を動かし，ささいなことであってもその幼児なりに遊びの中に取り入れていくことが大切である。

（5）身近な動植物に親しみをもって接し，生命の尊さに気付き，いたわったり，大切にしたりする。

親しみやすい動植物に触れる機会をもたせるとともに，教師など周囲の人々が世話をする姿に接することを通して，次第に身近な動植物に親しみをもって接するようにし，実際に世話をすることによって，いたわったり，大切にしたりしようとする気持ちを育てることが大切である。

園内で生活を共にした動植物は，幼児にとって特別な意味をもっている。例えば，小動物と一緒に遊んだり，餌を与えたり，草花を育てたりする体験を通して，生きている物への温かな感情が芽生え，生命を大切にしようとする心が育つ。生命の誕生や終わりといったことに遭遇することも，幼児の心をより豊かに育てる意味で大切な機会となる。幼児期にこのような生命の営み，不思議さを体験することは重要である。

ときに幼児は小さな生き物に対して，物として扱うようなことがある。

しかし，このようなときにも小さな生き物にも生命があり，生きているのだということを幼児に繰り返し伝えることが大切である。また，例えば，幼児が，初めはウサギを人間の赤ちゃんのように抱き，語り掛けることもある。生き物を擬人的に理解し，扱ったりしている場合には，次第に人とは違うその生き物の特性が分かるようになり，その生き物が過ごしやすい飼い方にも目を向けるようにすることが大切である。

このような体験を繰り返しながら，幼児は次第に生命の尊さに気付き，いたわったり，大切にしたりするようになっていく。生命の大切さを伝えることは難しいが，このことは幼児期から育んでいかなければならないことである。

(6) 日常生活の中で、我が国や地域社会における様々な文化や伝統に親しむ。

　幼児が、日常生活の中で我が国や地域社会における様々な文化や伝統に触れ、長い歴史の中で育んできた文化や伝統の豊かさに気付くことは大切なことである。

　このため、例えば、教師と一緒に飾りを作りながら七夕の由来を聞くなどして、次第にそのいわれやそこにこめられている人々の願いなどにも興味や関心をもつことができるようになることが大切である。

　また、幼稚園においては、例えば地域の祭りに合わせて、地域の人が幼稚園で太鼓のたたき方を見せてくれる機会をつくるなど、地域の人々との関わりを通して、自分たちの住む地域に親しみを感じたりすることが大切である。なお、身近な地域社会の文化や伝統に触れる際には、異なる文化にも触れるようにすることで、より豊かな体験にしていくことも考えられる。

　さらに、幼稚園生活で親しんだ伝統的な遊びを家族や地域の人々と一緒に楽しむことなどにより幼児が豊かな体験をすることも大切である。

(7) 身近な物を大切にする。

　幼稚園生活の中で、身近な物を大切にし、無駄なことをしないようにする気持ちを育てることが大切である。幼児は物に愛着をもつことから、次第にそれを大切にする気持ちが育つので、一つ一つの物に愛着を抱くことができるように援助することが大切である。幼児は物を使って遊ぶ中で、その物があることによって遊びが楽しくなることに気付き、その物に愛着をもつようになる。そのため、教師は、幼児が遊びを十分に楽しめるように援助することが大切である。また、教師自身が物に愛着をもち、大切に取り扱っている様子を幼児に示すことも大切である。

　幼児が自分と物と他者のつながりを自然に意識できるように、教師はそれぞれの状況に合わせて様々な関わり方をすることが大切である。

　また、教師が紙の切れ端などを利用して何かを作って見せたりするなど、工夫の仕方で活用することができることを知らせ、幼児の物への関わりをより豊かに発展させていくことも大切である。

　このように、日常的な幼児とのいろいろな関わりの中で、物を大切にしようとする心を育てるようにすることが大切である。

　さらに、物を用いて友達と一緒に遊ぶ中で、その物への愛着を共有し、次第に自分たちの物、皆の物であるという意識が芽生えてくる。また、友達との関わりが深まる中で、自分が大切にし

ている物だけでなく、友達が大切にしている物も大切にしようという気持ちをもつようにもなっていく。このように、集団の生活を通して、公共の物を大切にしようとする気持ちを育むことも大切である。

(8) 身近な物や遊具に興味をもって関わり、自分なりに比べたり、関連付けたりしながら考えたり、試したりして工夫して遊ぶ。

　身近にある物や遊具、用具などを使って試したり、考えたり、作ったりしながら、探究していく態度を育てることが大切である。身近にある物を使って工夫して遊ぶようになるためには、教師は、幼児が心と体を働かせて物とじっくりと関わることができるような環境を構成し、対象となるその物に十分に関わることができるようになることが大切である。幼児は、手で触ったり、全身で感じてみたり、あることを繰り返しやってみたり、自分なりに比べたり、これまでの体験と関連付けて考えたりしながら物に関わっていく。このような関わりを通して、幼児は物や遊具、用具などの特性を探り当て、その物や遊具、用具などに合った工夫をすることができるようになる。それゆえ、教師はこのような幼児の力を信頼し、その上でどのような援助が必要か考えていくことが大切である。

　大人には単調な繰り返しに見えることが、幼児にとっては重要な意味をもっている場合もある。このような幼児なりの物との関わりを十分に楽しむことが大切であるが、ときには他の幼児が工夫していることに注目するよう促したり、また、ときには教師自らが工夫の仕方を示したりするなど、いろいろな物に興味をもって関わる機会をつくることも必要である。

　幼児は物や遊具、用具などで遊びながら、その物や遊具、用具などの仕組みそのものにも興味を示すことがある。その際、教師はそのような幼児の関心を大切にし、幼児がその仕組みについてより探究できるよう援助していくことも必要である。

(9) 日常生活の中で数量や図形などに関心をもつ。

　幼児は日常生活の中で、人数や事物を数えたり、量を比べたり、また、様々な形に接したりすることを体験している。教師はこのような体験を幼児がより豊かにもつことができるようにして幼児が生き生きと数量や図形などに親しむことができるように環境を工夫し、援助していく必要がある。

　数量や図形についての知識だけを単に教えるのではなく、生活の中で幼児が必要感を感じて

数えたり，量を比べたり，様々な形を組み合わせて遊んだり，積み木やボールなどの様々な立体に触れたりするなど，多様な経験を積み重ねながら数量や図形などに関心をもつようにすることが大切である。

幼児は，例えば，皆が席に座った際に，誰も座っていないいすを数えて休みの幼児を確認したり，ごっこ遊びで友達が持っている棒より長い物を持ちたくて作ったりするなど，日常的に知らず知らずのうちに数や量に触れて生活している。また，教師や友達と一緒にグループの人数を確認してからおやつを配ったり，どちらの砂山が高いかを比べたりするなど，意識して数量を用いることもある。このような体験を通して，教師や友達との日常的なやり取りをしながら，数量に親しむ経験を多様に重ねていくことが大切である。

さらに，花びらや葉，昆虫や魚の体形など，幼児の身の回りの自然界は多様な形に満ちている。幼児がこのような多様な形に触れたり，教師が注目を促すことを通して，様々な形に気付いたりして，次第に図形に関心をもつようになることが大切である。

このように，日常生活の中で数えたり，量ったりすることの便利さと必要感に幼児が次第に気付き，また，様々な図形に関心をもって関わろうとすることができるよう援助していくことが重要である。

(10) 日常生活の中で簡単な標識や文字などに関心をもつ。

幼児にとって，自分が話している言葉がある特定の文字や標識に対応しているのを知ることは新鮮な驚きである。例えば，日常で使っている「はさみ」という言葉が，整理棚などに書いてある「は」，「さ」，「み」という文字に対応していることを知ったときの幼児の驚きと喜びを大切にしなければならない。このため，教師はまず幼児が標識や文字との新鮮な出会いを体験できるよう環境を工夫する必要がある。

また，生活の中で様々な標識（交通標識など）に触れたり，自分たちで標識（学級の標識，グループの標識，トイレの標識など）を作って生活したり，遊んだりする中で，標識が意味やメッセージをもっていることに気付くことも大切である。標識が人が人に向けたメッセージであり，コミュニケーションの手段の一つであることを感じ取れるよう環境を工夫していく必要がある。

また，絵本や手紙ごっこを楽しむ中で自然に文字に触れられるような環境を構成することを通して，文字が様々なことを豊かに表現するためのコミュニケーションの道具であることに次第に気付いていくことができるよう，幼児の発達に沿って援助していく必要がある。幼児が文字を道具として使いこなすことを目的にするのではなく，人が人に何かを伝える，あるいは人と人とがつながり合うために文字が存在していることを自然に感じ取れるように環境を工夫し，援助していくことが重要である。

(11) 生活に関係の深い情報や施設などに興味や関心をもつ。

幼稚園生活の中で，身近に感じられる情報に接したり，それを生活に取り入れたりする体験を重ねる中で，次第に自分の生活に関係の深い情報に興味や関心をもつようにすることが大切である。

特に，3歳や4歳の時期，あるいは幼稚園生活に慣れていない時期には，様々な情報を断片的にしか理解できないことが多い。友達とのつながりが深まるにつれて，自分の得た情報を友達に伝えたり，友達のもっている情報に関心をもったりして，情報の交換を楽しむようになる。友達同士が目的をもって遊ぶようになると，遊びに必要な情報を獲得し，活用する姿が見られるようになり，生活の豊かさにつながっていく。

幼児が周りの情報に関心をもつようになるためには，例えば，教師自身が興味深く見た放送の内容，地域の催しや出来事などの様々な情報の中から幼児の生活に関係の深い情報を適切に選択し，折に触れて提示していくなど，幼児の興味や関心を引き出していくことも大切である。

また，図書館や高齢者福祉施設などの様々な公共の施設を利用したり，訪問したりする機会を設け，幼児が豊かな生活体験を得られるようにすることが大切である。公共の施設などを利用する際は，幼児の生活に関わりが深く，幼児が興味や関心をもてるような施設を選択したり，訪問の仕方を工夫したりする必要がある。その際，このような施設が皆のものであり，大切に利用しなければならないことを指導することにより，公共心の芽生えを培っていくことも大切である。

(12) 幼稚園内外の行事において国旗に親しむ。

幼児期においては，幼稚園や地域の行事などに参加したりする中で，日本の国旗に接し，自然に親しみをもつようにし，将来の国民としての情操や意識の芽生えを培うことが大切である。幼稚園においては，国旗が掲揚されている運動会に参加したり，自分で国旗を作ったりして，日常生活の中で国旗に接するいろいろな機会を

もたせることにより，自然に日本の国旗に親しみを感じるようにさせることが大切である。

また，そのようなことから，国際理解の芽生えを培うことも大切である。

[内容の取扱い]

> (1) 幼児が，遊びの中で周囲の環境と関わり，次第に周囲の世界に好奇心を抱き，その意味や操作の仕方に関心をもち，物事の法則性に気付き，自分なりに考えることができるようになる過程を大切にすること。また，他の幼児の考えなどに触れて新しい考えを生み出す喜びや楽しさを味わい，自分の考えをよりよいものにしようとする気持ちが育つようにすること。

幼児は，遊びを通して周りの環境の一つ一つに関わる。そこから何か特定のことを分かろうとして関わるわけではなく，知りたいとか，面白く遊びたいから関わるのである。このため，教師は，環境の中にあるそれぞれのものの特性を生かし，その環境から幼児の興味や関心を引き出すことができるような状況をつくらなければならない。

幼児は初めからどう扱ったらよいか分かっていたり，必ず面白くなると分かっていたりするものだけでなく，どうすれば面白くなるのかよく分からないものにも積極的に関わっていく。つまり，幼児にとっては，周りにあるあらゆるものが好奇心の対象となっているのである。このため，幼児が扱いやすい遊具や用具，物を用意することだけでなく，幼児の能動性を引き出す自由な空間や物を配置し，あるいは幼児がどうしてよいか分からないときなどに教師が援助することが大切になる。

また，幼児は好奇心を抱いたものに対してより深い興味を抱き，探究していく。そのものはどういう意味をもつのだろうか，どのように用いればよいのだろうかと不思議に思い，探索する。さらに，試行錯誤を行う中でその動きや働きにある規則性を見付けられるかもしれない。それが同じようなものにも同様に当てはまれば，法則性と呼んでもよいものである。例えば，ボールを上に投げると落ちてくる，何回投げても落ちてくる，力一杯投げても，大きさや重さを変えても落ちてくることが分かってくる。幼児期において，物事の法則性に気付くということは，科学的に正しい法則を発見することを求めることではない。その幼児なりに規則性を見いだそうとする態度を育てることが大切である。

また，幼児一人一人によって環境との関わり方が異なっており，興味や関心，発想の仕方，

考え方なども異なっている。幼稚園生活の中で，幼児は，自分とは違った考え方をする友達が試行錯誤している姿を見たり，その考えを聞いたり，友達と一緒に試したり工夫したりする。その中で，幼児は友達の考えに刺激を受け，自分だけでは発想しなかったことに気付き，新しい考えを生み出す。このような体験を通して，幼児は考えることの楽しさや喜びに気付き，自分の考えをよりよいものにしようという気持ちが育っていく。そのため，教師は，幼児が自分なりに環境に関わる姿を大切にするとともに，場やものの配置を工夫したり，教師も一緒にやってみたりして，幼児が互いの考えに触れることができるような環境を構成することが大切である。

> (2) 幼児期において自然のもつ意味は大きく，自然の大きさ，美しさ，不思議さなどに直接触れる体験を通して，幼児の心が安らぎ，豊かな感情，好奇心，思考力，表現力の基礎が培われることを踏まえ，幼児が自然との関わりを深めることができるよう工夫すること。

自然は多彩でその折々に変化しつつも，なお変わらない姿は雄大であると同時に，繊細さに富み，人に感動と不思議の念を呼び起こす。しかし，幼児は，大人と違って，自然を目の前にすれば，おのずと自然の姿に目を留め，心を動かされるとは限らない。教師自らが感性を豊かに保ち，自然とその変化のすばらしさに感動することや幼児がちょっとした折に示すささやかな自然への関わりに共鳴していくことが大切になる。さらに，例えば，どのような樹木を植えておくかといった園内の環境から，保育室内でどのような生き物を育てるのかといった環境の工夫が必要になる。つまり，幼児が身体的な感覚を呼び覚まされ，心がわき立つような思いのできる出会いが大切である。

自然との出会いを通して，幼児の心は安定し，安らぎを取り戻せる。そして，落ち着いた気持ちの中から，自然に繰り返し直接関わることによって自然への不思議さや自然と交わる喜びの感情がわき上がるだろう。主体的に自然のいろいろな面に触れることで好奇心が生まれ，探究心がわき出てくる。どうしてこうなっているのだろうと思いを巡らせ，思考力を働かせる。さらに，その考えや思いを言葉や動きに表し，音楽や造形的な表現にも表して，確認しようともする。

このような自然との出会いは，豊かな感情や好奇心を育み，思考力や表現力の基礎を形成する重要な役割をもっている。

(3) 身近な事象や動植物に対する感動を伝え合い，共感し合うことなどを通して自分から関わろうとする意欲を育てるとともに，様々な関わり方を通してそれらに対する親しみや畏敬の念，生命を大切にする気持ち，公共心，探究心などが養われるようにすること。

　身近な環境にある様々なものに対して積極的に関わろうとする態度は，身近な事物や出来事，自然などに対して幼児が思わず感動を覚え，もっと関わりたいと思う経験をすることから生まれる。このような感動を周りの友達や教師にも伝えたいと思い，共感してもらえることによってますます関わりたくなる。そして，共に遊んだり，世話をしたり，驚きをもって見つめたりするといった様々な身近な動植物などとの関わりを通して，命あるものに対して，親しみや畏敬の念を感じ，自分と違う生命をもった存在として意味をもってくる。そして，生命を大切にする気持ちをもち，生命のすばらしさに友達や教師と共に感動するようになる。

　さらに，例えば，植物の栽培において，その植物が皆の世話によって徐々に生長していくにつれて，生命のあるものを大切にしようとする気持ちと同時に，皆と一緒に育てたから大切にしなければならないといった気持ちももつようになったりする。また，植物が生長する姿を通して，どんな花が咲くだろう，どんな実がなるだろうなど，探究心もわいてくる。

　このような様々な気持ちを引き起こすような豊かな環境の構成と身近な事象や動植物との関わりを深めることができるように援助することが大切である。

(4) 文化や伝統に親しむ際には，正月や節句など我が国の伝統的な行事，国歌，唱歌，わらべうたや我が国の伝統的な遊びに親しんだり，異なる文化に触れる活動に親しんだりすることを通じて，社会とのつながりの意識や国際理解の意識の芽生えなどが養われるようにすること。

　幼児は，地域の人々とのつながりを深め，身近な文化や伝統に親しむ中で，自分を取り巻く生活の有り様に気付き，社会とのつながりの意識や国際理解の意識が芽生えていく。

　このため，生活の中で，幼児が正月の餅つきや七夕の飾りつけなど四季折々に行われる我が国の伝統的な行事に参加したり，国歌を聞いたりして自然に親しみを感じるようになったり，

古くから親しまれてきた唱歌，わらべうたの楽しさを味わったり，こま回しや凧（たこ）揚げなど我が国の伝統的な遊びをしたり，様々な国や地域の食に触れるなど異なる文化に触れたりすることを通じて，文化や伝統に親しみをもつようになる。

　幼児期にこのような体験をすることは，将来の国民としての情操や意識の芽生えを培う上で大切である。

　このような活動を行う際には，文化や伝統に関係する地域の人材，資料館や博物館などとの連携・協力を通して，異なる文化にも触れながら幼児の体験が豊かになることが大切である。

(5) 数量や文字などに関しては，日常生活の中で幼児自身の必要感に基づく体験を大切にし，数量や文字などに関する興味や関心，感覚が養われるようにすること。

　数量や文字は，記号として表すだけに，その働きを幼児期に十分に活用することは難しい。しかし，例えば，数字や文字などに親しんだり，物を数えたり，長さや重さに興味をもったり，絵本や保育室にある文字表現に関心を抱いたりすることは，幼児にとって日常的なことである。数量や文字に関する指導は，幼児の興味や関心から出発することが基本となる。その上で，幼児の遊びや生活の中で文字を使ったり，数量を扱ったりする活動が生まれることがあり，このような活動を積み重ねることにより，ごく自然に数量や文字に関わる力は伸びていくものである。幼児期における数量や文字に関する指導は，確実に数を数えられたり，文字を正確に読めたり，書けたりすることを目指すものではない。なぜなら，個人差がなお大きいこともあるが，それ以上に，確実にできるために必要な暗記などの習熟の用意が十分に整っているとは言い難いからである。幼児期に大切にしたいことは，習熟の指導に努めるのではなく，幼児が興味や関心を十分に広げ，数量や文字に関わる感覚を豊かにできるようにすることである。このような感覚が，小学校における数量や文字の学習にとって生きた基盤となるものである。（第2章第2節　4　言葉の獲得に関する領域「言葉」［内容］(10)，［内容の取扱い］(5) を参照）

https://www.mext.go.jp/content/1384661_3_3.pdf（2023年11月30日最終閲覧）

索 引

[編著者]

降旗信一（ふりはた　しんいち）

東京農工大学大学院連合農学研究科教授／博士（学術）／日本環境教育学会会長。
主な著書：『現代自然体験学習の成立と発展』風間書房，『ESD（持続可能な開発のための教育）と自然体験学習』風間書房，『DX時代の人づくりと学び』人言洞，『自然案内人』ほるぷ出版など。

菊池　稔（きくち　みのる）

名寄市立大学保健福祉学部社会保育学科講師／博士(農学)／日本環境教育学会北海道支部運営委員／専門分野はESD論，社会教育学，教育行財政。
主な著書：『DX時代の人づくりと学び』人言洞，『五訂版　習うより慣れろの市町村財政分析—基礎からステップアップまで』自治体問題研究社。

※本書は，環境教育に関するアカデミックな学術研究を推進・支援する団体として2022年に設立された**日本環境教育研究所®**（代表：阿部治）企画／監修で出版しています。当研究所は，活動の一環として，研究者等による優れた学術研究・実践成果の情報発信の機会を安定的に確保するために出版社と連携して，書籍（叢書，単行本等）の企画・監修等の運営を行っています。

持続可能な社会をつくる幼児期のESD論　—子どもと環境—

2024年2月5日　第1版第1刷発行

著　者　　降旗信一・菊池　稔
© FURIHATA Shinichi / KIKUCHI Minoru　2024

発行者　　二村　和樹
発行所　　人言洞　合同会社　〈NingenDo LLC〉
　　　　　〒234-0052　神奈川県横浜市港南区笹下6-5-3
　　　　　電話　045（352）8675㈹
　　　　　FAX　045（352）8685
　　　　　https://www.ningendo.net

印刷所　　亜細亜印刷株式会社

定価はカバーに表示してあります。
乱丁・落丁の場合は小社にてお取替えします。

ISBN 978-4-910917-12-2